Sammlung Außerdeutscher Strafgesetzbücher in deutscher Übersetzung

Herausgegeben von
Professor Dr. Hans-Heinrich Jescheck,
Direktor des Instituts für ausländisches und internationales Strafrecht an der Universität Freiburg i. Br.
und Professor Dr. Gerhard Kielwein, Saarbrücken

LXXXV.

Das Tschechoslowakische Strafgesetzbuch

(Trestní zákon)

Berlin 1964

Walter de Gruyter & Co.

Vormals G. J. Göschen'sche Verlagshandlung · J. Guttentag, Verlagsbuchhandlung · Georg Reimer · Karl J. Trübner · Veit & Comp.

Das Tschechoslowakische Strafgesetzbuch

vom 29. November 1961

Übersetzt und mit einer Einleitung versehen von

Dr. Erich Schmied

Senatspräsident in Mannheim

Berlin 1964

Walter de Gruyter & Co.

vormals G. J. Göschen'sche Verlagshandlung · J. Guttentag, Verlagsbuchhandlung · Georg Reimer · Karl J. Trübner · Veit & Comp.

Gedruckt mit Unterstützung der Gesellschaft für Rechtsvergleichung

Archiv-Nr. 2463645
Satz und Druck: Berliner Buchdruckerei „Union" GmbH, Berlin 61

INHALT

ABKÜRZUNGEN

csl.	tschechoslowakisch
CSR	Tschechoslowakische Republik
CSSR	Tschechoslowakische Sozialistische Republik (offizielle Bezeichnung seit der Verfassung vom 11. 7. 1960)
K.	Kundmachung
KPC	Kommunistische Partei der CSSR
RegVO	Regierungsverordnung
Sb.	Sbírka zákonů rep. Čsl. (Sammlung der Gesetze der CSR)
U. l.	Uřední list (Amtsblatt)
Übertr.G.	Übertretungsgesetz (Gesetz vom 26. 6. 1961, Nr. 60 Sb.), Anhang Seite 123
Verf.	Verfassung der CSSR vom 11. 7. 1960, Nr. 100 Sb.

EINLEITUNG

1. Die Entwicklung des csl. Strafrechts 1945—1948

Nach dem zweiten Weltkrieg wurde in der CSR die These von der Kontinuität des csl. Staats und Rechts vertreten. Man ging davon aus, daß die CSR rechtlich nie aufgehört habe zu bestehen. Schon am 3. 8. 1944 hatte der im Exil in London lebende frühere Präsident der Republik, der eine Exilregierung gebildet hatte, das Verfassungsdekret Nr. 11 über die Erneuerung der Rechtsordnung erlassen, wonach alle Rechtsvorschriften, die unmittelbar vor Auflösung der CSR bestanden hatten, wieder in Kraft gesetzt und alle seither „während der Zeit der Unfreiheit" (30. 9. 1938—4. 5. 1945) ergangenen Rechtsvorschriften für ungültig erklärt wurden. Nach Kriegsende wurde dieses Dekret durch Kundmachung des csl. Innenministers vom 27. 7. 1945, Nr. 30 Sb., in Prag verkündet und später durch Gesetz vom 19. 12. 1945, Nr. 12/1946 Sb., bestätigt, abgeändert und ergänzt. Damit waren auch alle csl. strafrechtlichen Normen, die bis einschließlich 29. 9. 1938 gegolten hatten, weiterhin geltendes Recht. Die seither erlassenen strafrechtlichen Vorschriften, insbesondere die, welche die deutsche und ungarische Besatzungsmacht erlassen hatten, waren ungültig.

Das Strafrecht, das bis 29. 9. 1938 gegolten hatte, beruhte in den historischen Ländern Böhmen, Mähren und Schlesien im wesentlichen auf dem ehemals österreichischen „Strafgesetz über Verbrechen, Vergehen und Übertretungen" (Kaiserl. Patent vom 27. 5. 1852, RGBl. Nr. 117), in der Slowakei und in Karpatorußland auf dem ehemals ungarischen „Strafgesetz über Verbrechen und Vergehen" (Ges.-Art. V aus dem Jahre 1878) und dem ehemals ungarischen „Gesetz über Übertretungen" (Ges.-Art. XL aus dem Jahre 1879), ferner auf zahlreichen ehemals österreichischen, ungarischen und aus den zwischen 1918 und 1938 ergangenen csl. strafrechtlichen Nebengesetzen.

Nach dem Siege der Alliierten erschienen in der wiedergeschaffenen CSR die ersten Rechtsvorschriften als „Dekrete des Präsidenten der Republik". Die dem csl. bisher fremde Bezeichnung „Dekrete"„ sollte an die Dekrete der französischen Revolution und vor allem an die Dekrete der revolutionären Periode in Rußland anklingen. Es handelte sich dabei um eine Art Verordnungen mit vorläufiger Gesetzeskraft, bei Verfassungsdekreten um Verordnungen mit der vorläufigen Wirksamkeit von Verfassungsgesetzen. Die Dekrete bedurften einer nachträglichen Bestätigung durch die gesetzgebenden Körperschaften. Die Bestätigung erfolgte durch das Verfassungsgesetz vom 28. 3. 1946, Nr. 57 Sb.: „Alle Dekrete des Präsidenten der Republik sind von ihrem Anfang an als Gesetze anzusehen; die Verfassungsdekrete sind als Verfassungsgesetze anzusehen.“

Unter den strafrechtlich bedeutsamen Dekreten und Gesetzen aus jener Zeit sind hervorzuheben:

1. Dekret v. 19. 5. 1945, Nr. 5 Sb., über die Ungültigkeit einiger vermögensrechtlicher Handlungen aus der Zeit der Unfreiheit und über die nationale Verwaltung der Vermögenswerte von Deutschen, Magyaren, Verrätern und Kollaborateuren sowie von einigen Organisationen und Anstalten.
2. Dekret v. 19. 6. 1945, Nr. 16 Sb., über die Bestrafung der nazistischen Verbrecher, der Verräter und ihrer Helfer und über die außerordentlichen Volksgerichte (Großes Retributionsdekret).
3. Dekret v. 19. 6. 1945, Nr. 17 Sb., über den Nationalen Gerichtshof.
4. Dekret v. 31. 7. 1945, Nr. 38 Sb., über eine strenge Bestrafung von Plünderungen.
5. Dekret v. 8. 8. 1945, Nr. 62 Sb., über Erleichterungen im Strafverfahren.
6. Zahlreiche Dekrete und Gesetze über die Nationalisierung (z. B. 100/45 Gruben, Industrieunternehmen; 101/45 Lebensmittelindustrie; 102/45 Aktienbanken; 103/45 Privatversicherungen; 120/48 Betriebe mit mehr als 50 Arbeitnehmern; 121/48 Bauwesen).
7. Dekret v. 27. 10. 1945, Nr. 138 Sb., über die Bestrafung einiger Verfehlungen gegen die nationale Ehre (sog. Kleines Retributionsdekret).
8. Gesetz v. 8. 5. 1946, Nr. 115 Sb., über die Rechtmäßigkeit von Handlungen, die mit dem Kampf um die Wiedererwerbung der Freiheit der Tschechen und Slowaken zusammenhängen.
9. Gesetz v. 18. 7. 1946, Nr. 165 Sb., über den strafrechtlichen Schutz der nationalen Unternehmen, der nationalisierten Unternehmen und der Unternehmen unter nationaler Verwaltung.
10. Gesetz v. 13. 2. 1947, Nr. 15 Sb., über die Verfolgung des Schwarzhandels und ähnlicher Umtriebe.
11. Gesetz v. 13. 2. 1947, Nr. 27 Sb., über den strafrechtlichen Schutz der Durchführung des Zweijahres-Wirtschaftsplans.
12. Gesetz v. 9. 5. 1947, Nr. 87 Sb., über einige Maßnahmen zur Durchführung der nationalen Mobilisierung von Arbeitskräften.
13. Gesetz v. 26. 6. 1947, Nr. 128 Sb., Radiogesetz.
14. Gesetz v. 24. 10. 1947, Nr. 182 Sb., über die Verfolgung von Straftaten gegen den Staat.
15. Gesetz v. 3. 2. 1948, Nr. 23 Sb., über den Vollzug der von den Strafgerichten verhängten Vermögensstrafen.

2. Die Strafgesetzgebung seit 1948

Zwischen dem 13. und 25. Februar 1948 übernahmen die Kommunisten die Macht in der CSR. Seither folgt das csl. Strafrecht im wesentlichen der Entwicklung des sowjetischen Strafrechts.

a) Übergangsgesetze

Zunächst erschienen noch einige strafrechtliche Nebengesetze, die schon im Entwurf vorgelegen hatten und auch für das neue Regime annehmbar waren, oder aber für die Übergangszeit bis zum Erscheinen eines neuen kommunistischen Strafrechts den Zielen der „Revolution" dienen und den Schutz für das herrschende Regime übernehmen sollten. Zu diesen Gesetzen zählen:

16. Gesetz v. 25. 3. 1948, Nr. 40 Sb., über den strafrechtlichen Schutz gegen Brandstiftungen.
17. Gesetz v. 15. 4. 1948, Nr. 87 Sb., über die Bekämpfung des Alkoholismus.
18. Gesetz v. 15. 4. 1948, Nr. 88 Sb., wodurch die Strafgesetze und die Strafprozeßordnungen abgeändert werden.
19. Gesetz v. 6. 10. 1948, Nr. 231 Sb., zum Schutze der volksdemokratischen Republik.
20. Gesetz v. 27. 10. 1948, Nr. 241 Sb., über den Fünfjahresplan.
21. Gesetz v. 25. 10 1948, Nr. 247 Sb., über Zwangsarbeitslager.
22. Gesetz v. 22. 2 1949, Nr 59 Sb., über die Anerkennung militärischer Ränge.
23. Gesetz v. 23. 3. 1949, Nr. 92 Sb., Wehrgesetz.
24. Gesetz v. 16. 6. 1949, Nr. 162 Sb., über Waffen und Munition.

Von großer praktischer Bedeutung war das Gesetz zum Schutz der volksdemokratischen Republik, das die Bestimmungen des Republikschutzgesetzes Nr. 50/1923 ersetzte. Es bildete bei den großen politischen „Säuberungsaktionen" in den Jahren 1948 bis 1950, gemeinsam mit dem Gesetz Nr. 232/1948 über das Staatsgericht, die Rechtsgrundlage für zahlreiche politische Prozesse gegen Anhänger des früheren Regimes und erkannte oder potentielle Gegner des Regimes, gegen Großgrundbesitzer, sog. Kapitalisten, Kirchentreue, Intellektuelle und gegen viele Personen, die der neuen Wirtschaftsordnung und den Sozialisierungsbestrebungen im Wege standen.

Das schon von der Beneš-Regierung nach sowjetischem Vorbild eingeführte System der Zwangsarbeitslager wurde durch das Gesetz Nr. 247/1948 verschärft und nun auch gegen viele ehemalige Beneš-Anhänger angewendet.

b) Das Strafgesetz vom 12. Juli 1950, Nr. 86 Sb.

Wenige Monate nach der „Februarrevolution" wurde eine tiefgreifende Reform des gesamten materiellen und formellen Strafrechts in Angriff genommen. Was der ersten Republik in den Jahren

1918 bis 1938 trotz eines besonderen Unifizierungsministeriums, das auf eine Vereinheitlichung des zersplitterten Rechtes hinzuwirken hatte, nicht gelungen war, schuf die kommunistische Regierung binnen zweier Jahre: ein neues, für das ganze Staatsgebiet einheitlich geltendes, csl. Strafrecht.

Es umfaßte vier Gesetze, die am 12. Juli 1950 beschlossen wurden und als Gesetze Nr 86 bis 89 am 1. August 1950 in Kraft traten: das Strafgesetz, das Gesetz über das strafgerichtliche Verfahren (Strafprozeßordnung), das Verwaltungsstrafgesetz und das Gesetz über das Verwaltungsstrafverfahren (Verwaltungsstrafverfahrensordnung).

Das Strafgesetz enthielt erstmals das gesamte materielle Strafrecht. Es gab daneben keine strafrechtlichen Nebengesetze. Auch das Jugend-, Militär-, Steuer- und Devisenstrafrecht waren in das neue Strafgesetzbuch eingebaut. Alle bisherigen strafrechtlichen Vorschriften wurden aufgehoben. Der Allgemeine Teil des Strafgesetzes war knapp gehalten. Nach § 2 setzte jede Straftat „eine für die Gesellschaft gefährliche Handlung" voraus. Wenn eine Handlung nicht gesellschaftsgefährlich war, war sie nicht gerichtlich strafbar, auch wenn sie alle anderen Deliktsmerkmale erfüllte. Sie war dann allenfalls als Verwaltungsdelikt zu ahnden. Wenn das Maß der Gesellschaftsgefährlichkeit gering war, konnte der Prokurator von der Strafverfolgung absehen. Am Schuldprinzip wurde festgehalten. Als Strafzweck stand der Schutz des herrschenden politischen Systems gegen gefährliche Elemente im Vordergrund. Gefährliche Personen sollten erzogen oder unschädlich gemacht werden. Die Maßnahmen gegen gefährliche Elemente sollten „erzieherisch auf die übrigen Mitglieder der Gesellschaft wirken". Der Vergeltungsgedanke trat zurück. Besserung wurde nicht als moralische Besserung, sondern als soziale Anpassung des Rechtsbrechers verstanden. Haupstrafen waren: Todesstrafe, Freiheitsentziehung, Besserungsmaßnahmen. Nebenstrafen, die nur gemeinsam mit einer Hauptstrafe verhängt werden durften, waren: Verlust der Staatsbürgerschaft, Verlust der bürgerlichen Ehrenrechte, Ausschluß aus der Armee, Verlust des militärischen Ranges, Verfall des Vermögens, Geldstrafe, Tätigkeits- und Berufsverbot, Ausweisung, Aufenthaltsverbot, Urteilsveröffentlichung und Verfall einer Sache. Die frühere Unterscheidung von schwerem Kerker, Kerker, strengem Arrest usw. wurde fallengelassen; es gab nur noch — wie im sowjetischen Strafrecht — die „Freiheitsentziehung", die in der Regel mit Arbeitszwang verbunden war. Die Besserungsmaßnahme, die an Stelle einer drei Monate nicht übersteigenden Freiheitsentziehung verhängt wurde, bestand in der Verpflichtung des Rechtsbrechers zu einer Strafarbeit, die in Freiheit gegen geringeren Lohn innerhalb einer festgesetzten Frist zu verrichten war. Der Besondere Teil des Strafgesetzes wurde in zehn Hauptstücke eingeteilt. Der Aufbau der

Tatbestände, die häufig sehr weit und „geschmeidig" gefaßt waren, zeigt die besondere Sorge des Gesetzgebers, alle denkbaren Gefahren für das herrschende Regime möglichst sicher abzuschirmen.

Eine deutsche Übersetzung des Strafgesetzes vom 12. Juli 1950 ist als erste Auflage dieses Buches erschienen.

c) Die Strafgesetz-Novelle 1956

Auf dem 20. Parteikongreß der KPdSU in Moskau übte der Erste Parteisekretär Chruschtschow am 25. 2. 1956 harte Kritik an der Strafjustiz der vergangenen Stalinschen Ära. Er rügte die Anwendung grausamster Unterdrückungsmaßnahmen und die Verletzung des Grundsatzes der sozialistischen Gesetzlichkeit zum Nachteil derer, die in irgendeinem Punkte mit Stalin nicht übereingestimmt hatten. Als Echo auf diese Kritik wurden nicht nur in den UdSSR, sondern auch in den anderen Staaten des Ostblocks Strafrechtsreformen gefordert. In der CSR wurde eine solche Forderung auf der Gesamtstaatlichen Konferenz der KPC am 15. 6. 1956 in Prag erhoben. Sie führte am 19.12. 1956 zum Erlaß einer umfangreichen Strafgesetznovelle (Ges. Nr. 63 Sb. zur Abänderung und Ergänzung des Strafgesetzes Nr. 86/1950 Sb.), einer neuen Strafprozeßordnung, eines neuen Gesetzes über die Prokuratur und einer Novelle zum Gesetze über die Organisation der Gerichte.

Unter Berücksichtigung der Strafgesetznovelle vom 19. 12. 1956 erhielt das Strafgesetz vm 12. 7. 1950 eine neue Fassung, die durch Kundmachung des Justizministers vom 22. 12. 1956,, Nr. 1/1957 Sb., bekanntgemacht wurde. Eine deutsche Übersetzung dieser Neufassung ist in der 2. Auflage dieses Buches enthalten.

In der amtlichen Begründung zur Novelle wird ausgeführt: „Die Novelle ermöglicht es, daß das Strafgesetz als wirksames Mittel gegen die Feinde des sozialistischen Aufbaus angewendet werde und gleichzeitig, daß alle nach dem Strafgesetz getroffenen Maßnahmen erzieherisch auf die Massen der Werktätigen wirken. So trägt die Novelle des Strafgesetzes zur Festigung der sozialistischen Gesetzlichkeit bei, die eine der wichtigsten Voraussetzungen einer erfolgreichen Entwicklung des Sozialismus in unserem Lande ist."

Die Novelle will gewisse liberale Tendenzen andeuten, sieht aber davon ab, irgendwelche erreichte politische Positionen aufzugeben. Es wird in der Begründung hervorgehoben, daß das Strafgesetz erziehend und bessernd zu wirken habe; andrerseits wird aber die Notwendigkeit betont, den Schutz der Gesellschaftsordnung und der sozialistischen Errungenschaften zu verstärken und zu vertiefen.

Im Hinblick auf die erzieherische Aufgabe des Strafrechts wurden die Möglichkeiten, eine bedingte Verurteilung auszusprechen oder von einer gerichtlichen Bestrafung abzusehen, erweitert. Die Todesstrafe wurde nicht mehr als absolute Strafe vorgesehen; neben sie alternativ trat die Strafe der Freiheitsentziehung auf 25 Jahre.

Lebenslange Freiheitsentziehung, von der eine erzieherische und bessernde Wirkung nicht erwartet werden könne, wurde durch Freiheitsentziehung auf 25 Jahre ersetzt. Aus dem gleichen Grunde sollten Tätigkeits- und Aufenthaltsverbote nicht mehr für dauernd, sondern nur mehr auf Zeit verhängt werden dürfen. Das Verbot, bei gewissen Straftaten den Strafsatz zu unterschreiten, wurde aufgehoben. Die Nebenstrafe des Verlustes der Staatsbürgerschaft wurde aufgehoben. Die Verpflichtung der Gerichte, bei gewissen Delikten auf Geldstrafe oder Vermögensverfall zu erkennen, fiel weg. Neu eingeführt wurde der Begriff der verminderten Zurechnungsfähigkeit. Im Besonderen Teile des StG wurden mehrere Tatbestände gestrichen; andrerseits wurden mehrere neue Tatbestände geschaffen, z. B. Untergrabung der Republik, Terror, Schädigung, Eindringen in das Gebiet der Republik, Spekulation, Parasitentum, Begehung von Exzessen, Kuppelei. Mehrere Tatbestände wurden neu gefaßt, z. B. Hochverrat, Sabotage, Spionage, Entwendung und Beschädigung von Vermögen, das in sozialistischen Händen steht.

Die Zwangsarbeitslager, die seit der Strafprozeßnovelle vom 30. 10. 1952, Nr. 67 Sb., den Namen „Übergangsanstalten" geführt hatten, wurden im Jahre 1953 aufgehoben.

d) Das Strafgesetz vom 29. November 1961

Am 26. 12. 1958 wurden in Moskau die rahmenrechtlichen „Grundsätze der Strafgesetzgebung der UdSSR und der Unionsrepubliken" beschlossen. Damit kam in der Sowjetunion und in den Ostblockstaaten eine neue Strafrechtsreform in Fluß. Auch in der CSR begann man sofort mit Kodifizierungsarbeiten für ein neues „sozialistisches Strafrecht". Sie erschienen auch durch die neue čsl. Verfassung vom 11. Juli 1960 und im Hinblick auf die Beschlüsse des 21. und 22. Parteitags der KPdSU geboten. Am 27. 10. 1960 wurde in der RSFSR ein neues Strafgesetzbuch und eine neue Strafprozeßordnung eingeführt, die als Vorbilder für die neuen entsprechenden Gesetze in den Ostblockländern dienten. Am 7. und 8. Dezember 1960 stellte der Zentralausschuß der KPC Leitsätze auf, die richtungweisend für die Strafrechtsreform waren.

Am 29. November 1961 beschloß die csl. Nationalversammlung ein neues Strafgesetz und eine neue Strafprozeßordnung. In beiden Gesetzen kommt nach Meinung des Gesetzgebers eine weitere Vertiefung des sozialistischen Charakters des Strafrechts, insbesondere der sozialistischen Gesetzlichkeit, zum Ausdruck. Das Strafgesetz geht wie schon sein Vorgänger davon aus, daß nur eine für die Gesellschaft gefährliche Tat eine Straftat sein kann. Wenn eine Tat aber nur in unwesentlichem Maße gesellschaftsgefährlich ist, liegt — das ist eine wesentliche Neuerung gegenüber dem bisherigen Recht — keine Straftat vor, auch wenn sonst alle Merkmale einer Straftat gegeben sind. Die Abgrenzung ergibt sich aus § 3 Abs. 4 StG. Unter gewissen Voraussetzungen kann das Gericht bei geringfügigen Straftaten von der Bestrafung absehen (§ 24) oder die Sache dem örtlichen Volksgericht zur Verhandlung abtreten (§ 26). Außer dem Versuch ist nun auch jede Vorbereitungshandlung strafbar (§ 7), wenn sie in nicht unbeträchtlichem Maße gesellschaftsgefährlich ist. Als Teilnehmer tritt neben den Anstifter und den Gehilfen der „Organisator" (§ 10 Abs. 1 a). Die Betätigung als Organisator ist allgemein ein erschwerender und bei vielen Delikten ein strafverschärfender Umstand. Bei zahlreichen Straftaten wirkt — wie im sowjetischen Strafrecht — die Begehung durch eine „organisierte Gruppe" strafverschärfend. Das System der Strafen und Strafmaßnahmen ist weitgehend geändert worden. Die Unterscheidung von Haupt- und Nebenstrafen wurde beseitigt. Als Strafen können nun verhängt werden: Todesstrafe, Freiheitsentziehung, Besserungsmaßnahme, Verlust der Ehrentitel und Auszeichnungen, Verlust des militärischen Ranges, Tätigkeitsverbot, Verfall des Vermögens, Geldstrafe, Verfall einer Sache und Ausweisung. Abgeschafft wurden folgende Strafen: Ausschluß aus der Armee, Verlust der bürgerlichen Ehrenrechte, Urteilsveröffentlichung und Aufenthaltsverbot. Eine Geldstrafe kann nicht neben einer Besserungsmaßnahme, eine Besserungsmaßnahme nicht neben einer Freiheitsentziehung verhängt werden. Die Höchstdauer der Freiheitsentziehung wurde von 25 auf 15 Jahre herabgesetzt, da eine länger als 15 Jahre dauernde Freiheitsentziehung „in vielen Fälllen die erzieherische Aufgabe der Strafe zunichte macht" (Amtliche Begründung). Die Freiheitsentziehung als Ersatzstrafe für den Fall der Uneinbringlichkeit einer Geldstrafe entfällt. Die Höchstdauer des Tätigkeitsverbots (Berufsverbots) wurde von zehn Jahren auf fünf Jahre herabgesetzt. Die Besserungsmaßnahme kann in einer Höchstdauer bis zu einem Jahre mit einem Lohnabzug bis zu 25 v. H. verhängt werden. Neu ist das aus dem sowjetischen Strafrecht übernommene Institut der gesellschaftlichen Bürgschaft (s. §§ 24 Abs. 1 b, 26, 58 Abs. 1, 61, 64, 77 Abs. 1 StG; §§ 4, 17, 73, 186, 188 Abs. 2 StPO). Danach kann von der Strafverfolgung oder Bestrafung abgesehen werden, wenn das Gericht die von einer gesellschaftlichen Organisation (z. B. von der „Revolutionären Gewerkschaftsbewegung") angebotene Bürgschaft für eine Besserung des Rechtsbrechers annimmt.

Im Besonderen Teil des Strafgesetzes sind mehrere Tatbestände gestrichen worden, z. B.: Umtriebe gegen die Verstaatlichung, Bildung von Privatmonopolen, Umtriebe bei öffentlichen Lieferungen und Arbeiten, unwahre ehrenwörtliche Erklärung, Veränderung des Familienstandes, Wilderei. Neue Tatbestände sind z. B.: Vaterlandsverrat, Subversion (§ 92), Verletzung von Vorschriften über den internationalen Luftverkehr, Genocidium. Mehrere Tatbestände dienen dem Schutze verbündeter Staaten, die als „Staaten des sozialistischen Weltsystems" bezeichnet werden. Besondere Aufmerksamkeit hat der Gesetzgeber der Neuregelung des Schutzes von Vermögen in sozialistischem Eigentum gewidmet. Die zahlreichen Tatbestände auf diesem Gebiete wurden neu gefaßt, systematisch geordnet, die Strafsätze wurden erhöht, Bagatelldelikte werden als Übertretungen und Verfehlungen geahndet. Neu ist die Einschaltung gesellschaftlicher Organisationen in die Strafgerichtsbarkeit (s. hierzu Abschnitt f) über Übertretungen und Verfehlungen).

Die Grundlagen des Strafvollzugsrechts ergeben sich weiterhin teils aus dem Strafgesetz, teils aus der Strafprozeßordnung. Erneut geändert sind die Vorschriften über das Strafregister (K. des Justizministers und Generalprokurators vom 28. 12. 1961, Nr. 151 Sb.).

c) Die strafrechtlichen Nebengesetze

Bis 1950 gab es zahlreiche strafrechtliche Nebengesetze. Sie stammten aus Österreich, aus Ungarn, waren in der ersten Republik, vom Exilpräsidenten oder nach dem Kriege von bürgerlichen oder von kommunistischen Gesetzgebungsorganen erlassen worden. Es gab ein österreichisches und ein ungarisches Strafgesetzbuch, mehrere gleichzeitig geltende Militärstrafgesetzbücher, ein Steuerstrafrecht, ein Devisenstrafrecht und eine fast unübersehbare Anzahl von strafrechtlichen Nebengesetzen. Hierbei handelte es sich häufig um Gesetze, die eine bestimmte nichtstrafrechtliche Materie regelten und nur eine oder mehrere Strafbestimmungen enthielten. Manche Gesetze galten nur in den Ländern Böhmen und Mähren-Schlesien, andere nur in der Slowakei und in der Karpaten-Ukraine und wieder andere im ganzen Staatsgebiet. Das gesamte Strafrecht war zersplittert und völlig unübersichtlich.

Das Strafgesetz vom 12. Juli 1950 hat alle diese Strafvorschriften aufgehoben, alle neuen Strafvorschriften in einem einzigen Gesetz zusammengefaßt und damit erstmals ein einheitliches csl. Strafrecht geschaffen. Neben diesem Strafgesetzbuch, das nun zu Recht den Namen „Strafgesetz“ annehmen konnte, gab es kein einziges strafrechtliches Nebengesetz mehr, auch kein Militärstrafgesetz, Steuerstrafgesetz oder Devisenstrafrecht. Der čsl. Gesetzgeber hat bis heute die Tendenz gezeigt, alle Strafrechtsnormen in einem einzigen Strafgesetz zusammenzufassen. Hiervon hat er im Laufe der Zeit allerdings einige wenige Ausnahmen gemacht:

Das Gesetz zum Schutze des Friedens (s. unten S. 117) ist im Rahmen der Propaganda für die östliche „Friedensoffensive“ ergangen. Es geht darauf zurück, daß beim 2. Weltfriedenskongreß, der im November 1950 in Warschau stattfand, die Parlamente aufgerufen wurden, ein Gesetz zum Schutz des Friedens, das jede Kriegspropaganda unter Strafe stellt, zu unterlassen. Alle Länder des sowjetischen Machtbereichs kamen alsbald dieser Aufforderung nach. Wie in den anderen Ländern hat man auch in der ČSR dieses Gesetz im Hinblick auf seine Entstehung und sein politische Bedeutung als selbständiges Strafgesetz neben dem neuen Strafgesetzbuch beibehalten.

Das Gesetz über die künstliche Schwangerschaftsunterbrechung (s. unten S. 118) enthielt in seinen §§ 4—6 Strafbestimmungen. Diese wurden durch § 300 des geltenden Strafgesetzes aufgehoben und durch die §§ 227, 228 StG ersetzt. Die Bestimmung des § 6, wonach eine Schwangere, die ihre Schwangerschaft selbst künstlich unterbricht oder jemanden darum ersucht oder ihm das gestattet, nicht strafbar ist, wurde in das neue Strafgesetz nicht aufgenommen. Das Gesetz über die künstliche Schwangerschaftsunterbrechung ist jetzt eigentlich kein strafrechtliches Nebengesetz mehr, ist aber samt seinen neuen Durchführungsvorschriften (K. Nr. 104/1961, s. unten S. 119) wegen der Problematik um den Abtreibungsparagraphen von erheblicher Bedeutung für die vergleichende Strafrechtswissenschaft und darum in dieses Buch aufgenommen worden.

Das Gesetz über die Daueransiedlung umherziehender Personen (s. unten S. 122) enthält eine Strafbestimmung, die durch das neue Strafgesetz nicht berührt wurde. Warum dieses strafrechtliche Nebengesetz als solches beibehalten wurde, ist nicht erkennbar.

f) Übertretungen und Verfehlungen

Im čsl. Strafrecht wurden die gerichtlich strafbaren Handlungen zunächst eingeteilt in Verbrechen, Vergehen und Übertretungen. Die gerichtlich strafbaren Handlungen der Jugendlichen waren Verfehlungen. Daneben gab es Verwaltungsübertretungen, die durch Verwaltungsbehörden geahndet wurden. Manche Verwaltungsübertretungen konnten unter gewissen Voraussetzungen (z. B. Konkurrenz mit gerichtlich strafbaren Handlungen, Rückfall des Täters) zu gerichtlich strafbaren Handlungen werden. Gesetzesverletzungen auf dem Gebiete der Verbrauchsabgaben wurden nach einem besonderen „Gefällsstrafgesetz“ als Gefällsübertretungen teils von eigenen Gefällsgerichten, teils von den Finanzbehörden bestraft.

Das čsl. Strafgesetz vom 12. 7. 1950 hat dieses System nicht übernommen, sondern nach sowjetischem Vorbild nunmehr zwischen „Straftaten“, die durch die Strafgerichte abgeurteilt werden, und „Übertretungen“, die als Verwaltungsdelikte von den Verwaltungsbehörden geahndet werden, unterschieden. Gleichzeitig mit dem Strafgesetz erschien das Verwaltungsstrafgesetz (Ges. v. 12. 7. 1950, Nr. 88 Sb.), in dem alle Übertretungen zusammengefaßt waren. Ihre Ahndung oblag nach der Verwaltungsstrafverfahrensordnung (Ges. v. 12.7.1950, Nr. 89 Sb.) in zwei Rechtszügen den Bezirks- und Kreis-Nationalausschüssen. Das Verwaltungsstrafgesetz erlangte große praktische Bedeutung. Es diente vor allem bei der Durchführung der Verstaatlichung, bei der Kollektivierung der Landwirtschaft, bei der Durchsetzung des Wirtschaftsplans und der Arbeitsdisziplin als wichtiges Kampfmittel gegen sog. reaktionäre Elemente und Klassenfeinde. Als Hauptstrafen waren vorgesehen: Freiheitsentziehung (bis zu zwei Jahren, zu verbüßen in einem Zwangsarbeitslager), öffentliche Rüge und Geldstrafe. Nebenstrafen waren: Einziehung des Vermögens, Tätigkeitsverbot, Aufenthaltsverbot, Verfall einer Sache und Veröffentlichung der Entscheidung über die Bestrafung.

Das Verwaltungsstrafrecht wurde durch das Gesetz vom 22. 12. 1953, Nr. 102 Sb., abgeändert und ergänzt. Über Verwaltungsübertretungen hatte nun ein Organ des Nationalausschusses und in schweren Fällen eine Strafkommission des Nationalausschusses zu entscheiden; unter gewissen Voraussetzungen konnte aber auch das Strafgericht der ersten Instanz über die Verwaltungsübertretungen entscheiden.

Das Gesetz vom 18. 4. 1957, Nr. 24 Sb., über die Straf-(Disziplinar-)Verfolgung von Entwendungen und Beschädigungen von Vermögen in sozialistischem Eigentum, sah vor, daß geringfügige Entwendungen und vorsätzliche Beschädigungen von Vermögen, das in sozialistischem Eigentum steht (§§ 245—246 StG i. d. F. v. 22. 12. 1956), die von Angestellten öffentlicher Unternehmen u. ä. begangen wurden, als „Disziplinarverfehlungen" durch den Leiter oder einen von ihm hierzu ermächtigten Angestellten des geschädigten Unternehmens geahndet werden. Diese Disziplinarorgane können bzw. müssen die Sachen unter den Voraussetzungen des § 3 an den Nationalausschuß abtreten, der sie als Verwaltungsübertretungen (§ 35 a VerwStG) verfolgt.

Auf dem 21. Parteitag der KPdSU, am 27. 1. 1959, forderte Chruschtschow die Einschaltung von Kameradengerichten in die Gerichtsorganisation. Seither trat in der UdSSR und in allen Staaten des Ostblocks die Tendenz hervor, richterliche Funktionen auf Organe mit breiter Grundlage im Volk zu übertragen und das Rechtsprechungsmonopol der Gerichte zu brechen. In der ČSR wurden noch im Jahre 1959 ohne rechtliche Grundlage nach sowjetischem Muster Kameradengerichte gebildet, die als „gewählte gesellschaftliche Organe der Arbeiter" über kleinere Verletzungen von Recht und Disziplin entschieden, z. B. über Verletzungen der Arbeitsdisziplin, unberechtigtes Ausbleiben von der Arbeit, illegalen Arbeitsplatzwechsel, Mißbrauch der Sozialversicherung, Verletzungen der Sicherheitsbestimmungen in Betrieben, Schlägereien und Beleidigungen unter Arbeitern, Trunkenheit u. a. Die aus fünf Betriebsangehörigen zusammengesetzten Kameradengerichte hielten ihre Sitzungen öffentlich in den Betrieben ab. Gegen ihre Entscheidungen gab es keine Rechtsmittel.

Am 8. 4. 1960 beauftragte das Zentralkomitee der KPČ das Politbüro mit der Ausarbeitung eines Gesetzes über Kameradengerichte. In der Verfassung vom 11. 7. 1960 wurden die Kameradengerichte unter dem Namen „örtliche Volksgerichte" bereits in die Gerichtsorganisation eingebaut. Art. 101 Verf. bestimmt, daß diese Gerichte nach Maßgabe eines besonderen Gesetzes in Gemeinden und an Arbeitsstätten errichtet werden. Sie sollen der „weiteren Vertiefung der

Teilnahme an der Ausübung der Gerichtsbarkeit" dienen und „zur Festigung der sozialistischen Gesetzlichkeit, zur Sicherung der gesellschaftlichen Ordnung und der Regeln des sozialistischen Zusammenlebens beitragen". Auf Grund der Vorarbeiten des Politbüros stellte das Zentralkomitee der KPČ am 8. 12. 1960 Richtlinien für ein Gesetz über die örtlichen Volksgerichte auf. Am 18. 4. 1961 beschloß die Nationalversammlung das Gesetz Nr. 38 Sb. über die örtlichen Volksgerichte.

Diese Gerichte fungieren als Organe der Werktätigen in den Gemeinden und an Arbeitsstätten". Sie sind in die ordentliche Gerichtsorganisation eingegliedert[1]). Sie werden von den Bezirksnationalausschüssen auf Antrag örtlicher Nationalausschüsse und der Revolutionären Gewerkschaftsbewegung errichtet. Ihre Richter werden in öffentlicher Abstimmung auf Bürgerversammlungen jeweils auf zwei Jahre gewählt. Wählbar ist jeder Bürger, der das 21. Lebensjahr erreicht hat und gewisse politische Voraussetzungen erfüllt. Wenn ein Richter „seine richterlichen Pflichten nicht erfüllt oder aus einem anderen Grunde das Vertrauen der Werktätigen verliert", kann er von der Bürgerversammlung jederzeit wieder abgewählt werden.

Die örtlichen Volksgerichte entscheiden über Straftaten, die ihnen vom Prokurator oder einem Bezirks- oder Kreisgericht abgetreten wurden, ferner über Verfehlungen und über einfache Vermögensstreitigkeiten. Die örtlichen Volksgerichte an den Arbeitsstätten sind zuständig für die Verhandlung von Verfehlungen und Straftaten, die von Bürgern begangen werden, die in dem Betriebe, in dem das örtliche Volksgericht errichtet ist, arbeiten. Die örtlichen Volksgerichte in den Gemeinden verhandeln über Verfehlungen und über Straftaten, die von Bürgern begangen wurden, die im Sprengel der örtlichen Volksgerichte wohnen, sofern hierfür nicht ein örtliches Volksgericht an einer Arbeitsstätte zuständig ist. Eine Strafsache wird an ein örtliches Volksgericht abgetreten, wenn Prokurator, bzw. Bezirks- oder Kreisgericht, „nach Beurteilung der Gefährlichkeit der Tat und der Person des Täters für die Gesellschaft der Ansicht sind, daß zu ihrer Ahndung die erzieherischen Kräfte des Kollektivs an der Arbeitsstätte oder in der Gemeinde und die Maßnahmen, die ein örtliches Volksgericht auferlegen kann, genügen" (§ 13). Verfehlung ist ein in den §§ 16—21 Ges. Nr. 38/1961 bezeichnetes „schuldhaftes Handeln, durch das die sozialistische Rechtsordnung in einem solchen Maße verletzt wurde, daß das die Interessen der Gesellschaft oder Rechte und berechtigte Interessen eines einzelnen gefährdet oder verletzt, sofern es nicht im Hinblick auf die Umstände des Falls, auf die Person des Täters und auf die Folgen seines Handelns den Grad der Gefährlichkeit einer Straftat erreicht" (§ 15). Die Maßnahmen, die von den örtlichen Volksgerichten auferlegt werden können, sind: Ermahnung, öffentliche Rüge, Geldbuße bis 500 Kčs, Wiedergutmachung

[1]) Vgl. Art. 93 Abs. 2 Verf.; § 1 Ges. v. 26. 6. 1961, Nr. 62 Sb., über die Organisation der Gerichte.

durch Lohnabzug bis zu 15 v. H. auf höchstens drei Monate, Versetzung in einen anderen Arbeitssektor auf die Dauer von sechs Monaten, Verfall einer Sache. Gegen die Entscheidungen des örtlichen Volksgerichts kann Berufung eingelegt werden, über die das Bezirksgericht entscheidet.

Seit Inkrafttreten des Gesetzes über die örtlichen Volksgerichte werden geringfügige Entwendungen und Beschädigungen von Vermögen in sozialistischem Eigentum nur noch an Arbeitsstätten, an denen keine örtlichen Volksgerichte bestehen, nach dem Gesetz Nr. 24/1957 geahndet. Wo örtliche Volksgerichte bestehen, fallen solche Verfehlungen unter den Tatbestand des § 16 („Verfehlung gegen sozialistisches Eigentum") des Ges. 38/1961 und werden durch die örtlichen Volksgerichte geahndet.

Das Verwaltungsstrafgesetz Nr. 88/1950 und seine Novelle Ges. 102/1953 sowie die Verwaltungsstrafverfahrensordnung Ges. Nr. 89/1950 wurden durch das Gesetz vom 26. 6. 1961, Nr. 60 Sb., über die Aufgaben der Nationalausschüsse bei der Sicherstellung der sozialistischen Ordnung, aufgehoben und ersetzt. Das Gesetz wird in der čsl. Rechtspraxis kurz als „Übertretungsgesetz" bezeichnet. In den §§ 7—19 werden die Ubertretungen aufgeführt, die nach diesem Gesetz durch die Nationalausschüsse geahndet werden. Dort wo keine örtlichen Volksgerichte bestehen, entscheiden die Nationalausschüsse auch über Verfehlungen. Das Übertretungsgesetz wiederholt in seinen §§ 35—40 die Tatbestände von Verfehlungen, die schon in den §§ 16 bis 21 des Ges. Nr. 38/1961 über die örtlichen Volksgerichte aufgeführt sind. Im vorliegenden Buch wird daher auch nur das Übertretungsgesetz abgedruckt (s. S. 123).

Das čsl. Recht unterscheidet jetzt also Straftaten, Verfehlungen, Übertretungen und Disziplinarverfehlungen.

3. Zur Übersetzung

Die Übersetzung hält sich möglichst wörtlich an den Originaltext, denn es erscheint mir bei der Übersetzung von Gesetzestexten wichtiger, den genauen Wortlaut wiederzugeben, als eine sprachlich vollbefriedigende, aber freie und inhaltlich ungenaue Übersetzung zu bieten. Wenn die Übersetzung an vielen Stellen schwerfällig wirkt, ist das auf den Originaltext zurückzuführen, der zahlreiche Wiederholungen und schwerfällige Formulierungen enthält, die bei einer sorgfältigeren und geschickteren Gesetzestechnik leicht hätten vermieden werden können.

Bei der Übersetzung wurde die Terminologie berücksichtigt, deren sich der čsl. Gesetzgeber in den Jahren 1918—1945 bediente, als seine Rechtsvorschriften noch in amtlicher deutscher Übersetzung erschienen. Nur in wenigen Punkten bin ich nach reiflicher Überlegung von der früheren Terminologie abgewichen, so z. B. wenn das Republikschutzgesetz Nr. 50/1923 oder andere vor 1945 erlassene Gesetze in amtlicher deutscher Übersetzung von verfassungsmäßigen oder öffentlichen „Faktoren" sprachen. Der tschechische Ausdruck hierfür ist das Substantiv des tschechischen Ausdrucks für „tuen". Da eine entsprechende Substantivierung im Deutschen nicht möglich ist, wurde in der amtlichen deutschen Übersetzung des Ges. Nr. 50/1923 im Anschluß an die lateinischen Wörter facere — factor das Fremdwort „Faktor" gewählt. Diese amtliche Übersetzung hat berechtigte Kritik gefunden und hat sich auch in der Rechtspraxis und im Schrifttum nie recht eingelebt. In der vorliegenden Übersetzung (z. B. §§ 89/9, 131, 155, 158) wird daher der Ausdruck „F u n k t i o n ä r" gewählt, weil dieser Ausdruck ein in der deutschen Sprache geläufiges Fremdwort ist, unter dem man sich gemeinhin das vorstellt, was der tschechische Gesetzestext sagen will. Dieser Ausdruck findet sich übrigens auch schon in der amtlichen Übersetzung einiger čsl. Gesetze aus der Vorkriegszeit (vgl. § 5 Ges. Nr. 178/1924). Andrerseits wurde nicht übersehen, daß das Wort Funktionär in seiner tschechischen Form vom čsl. Gesetzgeber in einzelnen Gesetzen, darunter auch im vorliegenden Strafgesetz (vgl. § 89/9), anderweitig verwendet wird. Der hieraus sich ergebende Nachteil, daß zwei verschiedene tschechische Ausdrücke mit demselben Ausdruck „Funktionär" übersetzt werden, wurde als unerheblich in Kauf genommen.

Schwierigkeiten bietet die Übersetzung des tschechischen Wortes „sbor", das eine Mehrheit von Personen, eine geschlossene Personengruppe, ein Kollegium, ein Korps bedeutet. Wie schon in den amtlichen Übersetzungen früherer čsl. Gesetze wurde auch hier das Wort sbor, entsprechend seiner verschiedenen Bedeutung im Zusammenhang, mit verschiedenen Ausdrücken übersetzt, z. B. Körperschaft, Einheit, Korps, Formation.

Die „Vorschubleistung" in § 211 und die „Begünstigung" in § 485 des ehemals österreichischen Strafgesetzes wurde von den Tschechen mit ein und demselben Ausdruck übersetzt. Dieser findet sich jetzt als Überschrift des § 166 StG. Er wurde hier mit dem Worte „Begünstigung" übersetzt.

Das von den Tschechen im Jahre 1918 übernommene österreichische StGB unterschied „Teilnahme" und „T e i l n e h m u n g". Unter den Begriff Teilnahme fiel nicht nur Anstiftung und Beihilfe, sondern auch der Sonderfall psychischer Beihilfe, wenn jemand „vorläufig sich mit dem Täter über die nach vollbrachter Tat ihm zu leistende Hilfe und Beistand oder über einen Anteil am Gewinn und Vorteil einverstanden hat" (§ 5 öst. StGB). „Teilnehmung" war als delictum sui generis strafbar. Sie lag vor, wenn jemand „ohne vorläufiges Einverständnis, nur erst nach begangenem Verbrechen dem Täter mit Hilfe und Beistand beförderlich war oder von ihm bekannt gewordenen Verbrechen Gewinn und Vorteil zieht". Es beging das Verbrechen der „Teilnehmung am Diebstahl" (§ 185 öst. StGB), wer eine gestohlene Sache „verhehlt, an sich bringt oder verhandelt" (nach deutschem Recht „Hehlerei"). Die „Verhehlung" nach § 214 öst. StGB. entsprach der „Begünstigung" des deutschen Rechts. Das čsl. Strafgesetz hat an der „Teilnehmung" als delictum sui generis festgehalten (vgl. §§ 134, 251, 252 StG); sie entspricht der Hehlerei im deutschen Recht. Von der Teilnehmung ist die Teilnahme im Sinne des § 10 StG zu unterscheiden.

Einige Tatbestände des deutschen Strafrechts enthalten das Merkmal „gewerbsmäßig". Im čsl. StG findet sich — im Gegensatz zu früheren čsl. Nebenstrafgesetzen, vgl. z. B. § 4 Abs. 2 des Ges. Nr. 15/1947 — dieses Merkmal nicht mehr. Dagegen hebt das Gesetz häufig das Merkmal „erwerbsmäßig" hervor (vgl. § 105 StG).

Die Überschrift des § 92 StG („rozvracení republiky") ist mit den Worten „umstürzlerische Tätigkeit gegen die Republik" übersetzt worden, weil rozvracení etwa dem Worte Umstürzung entspricht. Die Überschrift in § 98 StG („podvracení republiky") ist nicht mit „Untergrabung der Republik" (vgl. § 79 a StG 1950), sondern mit „Subversion" übersetzt worden, einem Ausdruck, der immer häufiger in der strafrechtlichen und politischen Literatur der Ostblockländer auftaucht.

Die Überschrift des § 95 StG „(záškodnictví") wurde mit „Schädigung" übersetzt, obwohl dasselbe deutsche Wort auch bei der Übersetzung anderer tschechischer Wörter verwendet werden muß, z. B. poškozování (§§ 99, 209, 256), poškození (§ 121).

Die Tatbestände der §§ 132 ff. haben ihre Vorbilder in dem Dekret des Präsidiums des Obersten Sowjets der UdSSR vom 4. 6. 1947 über die strafrechtliche Verantwortlichkeit rechtswidriger Aneignung (chischtschenije) von Eigentum des Staates und der Gesellschaft (Übersetzung Gallas). Ebensowenig wie für das russische Wort eine zutreffende deutsche Übersetzung gefunden werden kann, die den verschiedenartigen Gebrauch der Verfügungsgewalt über Vermögen, das im Eigentum des Staates oder der Gesellschaft steht, kennzeichnet, kann auch für die in den nachgebildeten Tatbeständen des čsl. Strafgesetzes verwendeten Ausdrücke rozkrádání, zatajení, poškozování keine befriedigende Übersetzung gefunden wrden. Ich habe für das Wort rozkrádání nunmehr die Übersetzung „Entwendungen" gewählt, die unzulänglich, aber doch noch besser als die Übersetzung mit dem Worte „Diebstahl" ist, weil das Wort rozkrádání nicht nur Diebstahl, sondern auch Veruntreuung und Betrug zum Nachteil von Vermögen in sozialistischem Eigentum umfaßt.

Auf die Übersetzung des Wortes Genocidium (§ 259) mit dem Ausdruck „Völkermord" wurde verzichtet, weil auch der tschechische Originaltext dieses geläufige Fremdwort verwendet.

Das Sachverzeichnis berücksichtigt die Terminologie nicht nur des čsl., sondern auch des deutschen, österreichischen und schweizerischen Strafrechts.

Das Strafgesetz vom 29. November 1961

Übersicht

I. Teil: Allgemeiner Teil

II. Teil: Besonderer Teil

STRAFGESETZ
VOM 29. NOVEMBER 1961, NR. 140 SB.[2])

Die Nationalversammlung der Tschechoslowakischen Sozialistischen Republik hat folgendes Gesetz beschlossen:

Erster Teil

ALLGEMEINER TEIL

ERSTES HAUPTSTÜCK

Zweck des Gesetzes

§ 1

Zweck des Strafgesetzes ist es, die gesellschaftliche und staatliche Ordnung der Tschechoslowakischen Sozialistischen Republik, das sozialistische Eigentum, die Rechte und berechtigten Interessen der Bürger zu schützen und zur ordentlichen Erfüllung der Bürgerpflichten und zur Einhaltung der Regeln des sozialistischen Zusammenlebens zu erziehen.

§ 2

Mittel zur Erreichung des Zweckes des Strafgesetzes sind Strafandrohung, Verhängung und Vollziehung von Strafen und Schutzmaßnahmen.

ZWEITES HAUPTSTÜCK

Grundlagender strafrechtlichen Verantwortlichkeit

§ 3

Straftat

1. Straftat ist eine für die Gesellschaft gefährliche Tat, deren Merkmale in diesem Gesetze[3]) angeführt sind.

2. Eine Tat, deren Grad der Gefährlichkeit für die Gesellschaft unwesentlich ist, ist keine Straftat, auch wenn sie sonst die Merkmale einer Straftat aufweist.

3. Zur Strafbarkeit einer Tat ist vorsätzliches Verschulden erforderlich, sofern dieses Gesetz nicht ausdrücklich bestimmt, daß fahrlässiges Verschulden genügt.

---

[2]) Veröffentlicht in der čsl. Sammlung der Gesetze, Teilstück Nr. 65, Seite 465 ff., erschienen am 8. 12. 1961.

[3]) Art. 30 Abs. 2 Verf.: „Strafen können nur auf Grund eines Gesetzes verhängt werden."

4. Der Grad der Gefährlichkeit einer Tat für die Gesellschaft wird bestimmt insbesondere durch die Bedeutung des geschützten Interesses, das durch die Tat berührt wurde, durch die Art der Durchführung der Tat und ihre Folgen, durch die Umstände, unter denen die Tat begangen wurde, durch die Person des Täters, das Maß seines Verschuldens und seinen Beweggrund.

Verschulden

§ 4

Eine Straftat wird vorsätzlich begangen, wenn der Täter

a) auf die in diesem Gesetz angeführte Art ein durch dieses Gesetz geschütztes Interesse verletzen oder bedrohen wollte, oder

b) wußte daß er durch sein Handeln eine solche Verletzung oder Bedrohung verursachen kann und für den Fall, daß er sie verursacht, damit ein verstanden war.

§ 5

Eine Straftat wird fahrlässig begangen, wenn der Täter

a) wußte, daß er auf die in diesem Gesetz angeführte Art ein durch dieses Gesetz geschütztes Interesse verletzen oder bedrohen kann, aber ohne angemessene Gründe darauf vertraute, daß er eine solche Verletzung oder Bedrohung nicht verursacht, oder

b) nicht wußte, daß er durch sein Handeln eine solche Verletzung oder Bedrohung verursachen kann, obwohl er das im Hinblick auf die Umstände und seine persönlichen Verhältnisse wissen mußte und konnte.

§ 6

Ein erschwerender Umstand oder ein Umstand, der die Anwendung eines höheren Strafsatzes bedingt, wird

a) wenn es sich um eine schwerere Folge handelt, auch dann berücksichtigt, wenn ihn der Täter aus Fahrlässigkeit verschuldet hat, ausgenommen die Fälle, in denen dieses Gesetz auch hier vorsätzliches Verschulden fordert,

b) wenn es sich um eine andere Tatsache handelt, auch dann berücksichtigt, wenn der Täter davon nichts wußte, obwohl er im Hinblick auf die Umstände und seine persönlichen Verhältnisse davon wissen sollte und konnte, ausgenommen die Fälle, in denen dieses Gesetz verlangt, daß der Täter davon wußte.

§ 7

Vorbereitung zu einer Straftat

1. Ein für die Gesellschaft gefährliches Handeln, das in der Organisierung einer Straftat, in der Beschaffung oder Zubereitung von Mitteln oder Werkzeugen zu ihrer Begehung, in der Verbindung meh-

rerer Personen, in der Zusammenrottung, in der Anstiftung oder Beihilfe zu einer Straftat oder darin liegt, daß auf andere Weise vorsätzlich die Voraussetzungen für die Begehung der Straftat geschaffen werden, ist Vorbereitung zur Straftat, sofern es nicht zum Versuch oder zur Vollendung der Straftat kam.

2. Vorbereitung zur Straftat ist strafbar nach dem Strafsatz, der für die Straftat, auf die sie hinzielte, aufgestellt wurde, sofern dieses Gesetz in seinem Besonderen Teil nichts anderes bestimmt.

3. Die Strafbarkeit der Vorbereitung zu einer Straftat erlischt, wenn der Täter freiwillig

a) vom weiteren auf die Begehung der Straftat gerichteten Handeln abließ und die Gefahr beseitigte, die dem durch dieses Gesetz geschützten Interesse aus der unternommenen Vorbereitung entstand, oder

b) die Vorbereitung zur Straftat zu einem Zeitpunkt anzeigte, in dem die Gefahr, die dem durch dieses Gesetz geschützten Interesse aus der unternommenen Vorbereitung entstand, noch abgewendet werden konnte. Die Anzeige muß bei einem Prokurator oder einem Sicherheitsorgan erstattet werden; ein Soldat kann statt dessen die Anzeige bei einem Kommandeur oder Vorgesetzten erstatten.

4. Durch die Bestimmung des Absatzes 3 wird aber der Strafbarkeit des Täters für eine andere vollendete Straftat, die er schon durch dieses sein Handeln begangen hat, nicht berührt.

§ 8
Versuch einer Straftat

1. Ein für die Gesellschaft gefährliches Handeln, das unmittelbar auf die Vollendung der Straftat gerichtet ist und das der Täter mit dem Vorsatz, die Straftat zu begehen, vorgenommen hat, ist ein Versuch der Straftat, wenn es nicht zur Vollendung der Straftat kam.

2. Der Versuch einer Straftat ist nach dem Strafsatz, der für die vollendete Straftat aufgestellt ist, strafbar.

3. Die Strafbarkeit des Versuchs einer Straftat erlischt, wenn der Täter freiwillig

a) vom weiteren zur Vollendung der Straftat notwendigen Handeln abließ und die Gefahr beseitigte, die dem durch dieses Gesetz geschützten Interesse aus dem unternommenen Versuch entstand,

oder

b) den Versuch der Straftat zu einem Zeitpunkt anzeigte, in dem die Gefahr, die dem durch dieses Gesetz geschützten Interesse aus dem unternommenen Versuch entstand, noch abgewendet werden konnte. Die Anzeige muß bei einem Prokurator oder einem Sicherheitsorgan erstattet werden; ein Soldat kann statt dessen die Anzeige bei einem Kommandeur oder Vorgesetzten erstatten.

4. Durch die Bestimmung des Absatzes 3 wird aber die Strafbarkeit des Täters für eine andere vollendete Straftat, die er schon durch dieses sein Handeln begangen hat, nicht berührt.

Täter, Mittäter und Teilnehmer einer Straftat

§ 9

1. Täter einer Straftat ist, wer die Straftat selbst begangen hat.

2. Wenn die Straftat durch gemeinsames Handeln von zwei oder mehr Personen begangen wurde, ist jede von ihnen verantwortlich, wie wenn sie die Straftat selbst begangen hätte (Mittäter).

§ 10

1. Teilnehmer an einer vollendeten Straftat oder an deren Versuch ist, wer vorsätzlich

a) die Begehung der Straftat anzettelte oder leitete (Organisator),

b) einen anderen zur Begehung der Straftat anstiftete (Anstifter),

c) einem anderen zur Begehung der Straftat Beihilfe leistete, insbesondere durch Beschaffung der Mittel, Beseitigung von Hindernissen, Rat, Bekräftigung im Entschluß, Versprechen von Beistand nach der Straftat (Gehilfe).

2. Auf die strafrechtliche Verantwortlichkeit und die Strafbarkeit des Teilnehmers werden die Bestimmungen über die strafrechtliche Verantwortlichkeit und Strafbarkeit des Täters angewendet, soweit dieses Gesetz nichts anderes bestimmt.

§ 11
Alter

Wer zur Zeit der Begehung der Tat das fünfzehnte Lebensjahr nicht erreicht hat, ist strafrechtlich nicht verantwortlich.

§ 12
Unzurechnungsfähigkeit

1. Wer wegen geistiger Störung zur Zeit der Begehung der Tat deren Gefährlichkeit für die Gesellschaft nicht erkennen oder sein Handeln nicht bestimmen konnte, ist für diese Tat strafrechtlich nicht verantwortlich.

2. Die Bestimmung des Abs. 1 findet keine Anwendung, wenn der Täter, gegebenenfalls auch nur aus Fahrlässigkeit, durch Genuß eines alkoholischen Getränks oder eines Betäubungsmittels sich in den Zustand der Unzurechnungsfähigkeit versetzt hat.

§ 13
Notwehr

Eine sonst strafbare Tat, durch die jemand einen unmittelbar drohenden oder andauernden Angriff auf ein durch dieses Gesetz geschütztes Interesse abwendet, ist keine Straftat. Notwehr liegt nicht vor, wenn die Abwehr dem Charakter und der Gefährlichkeit des Angriffs offensichtlich nicht angemessen war.

§ 14

Notstand

Eine sonst strafbare Handlung, durch die jemand eine Gefahr, die einem durch dieses Gesetz geschützten Interesse unmittelbar droht, abwendet, ist keine Straftat. Notstand liegt nicht vor, wenn es möglich war, diese Gefahr unter den gegebenen Umständen auf andere Weise abzuwenden oder wenn die verursachten Folgen offensichtlich gleich schwer oder noch schwerer sind als die Folgen, die drohten.

§ 15

Berechtigter Waffengebrauch

Keine Straftat begeht, wer eine Waffe in den Grenzen der durch die entsprechenden gesetzlichen Vorschriften gegebenen Ermächtigung gebraucht.

DRITTES HAUPTSTÜCK

Geltungsbereich der Strafgesetze

§ 16

1. Die Strafbarkeit einer Tat wird beurteilt nach dem Gesetz, das zur Zeit der Tatbegehung wirksam war; nach einem späteren Gesetz wird sie nur dann beurteilt, wenn das für den Täter günstiger ist.

2. Dem Täter kann immer nur eine solche Strafart auferlegt werden, die das im Zeitpunkt der Entscheidung über die Straftat wirksame Gesetz aufzuerlegen gestattet.

3. Über eine Schutzmaßnahme wird immer nach dem Gesetz entschieden, das zu dem Zeitpunkt der Entscheidung über die Schutzmaßnahme wirksam ist.

§ 17

1. Die Strafbarkeit einer Tat, die auf dem Gebiete der Republik begangen wurde, wird nach tschechoslowakischem Gesetz beurteilt.

2. Eine Straftat gilt als auf dem Gebiet der Republik begangen,

a) wenn der Täter hier eine Handlung begangen hat, auch wenn die Verletzung oder Bedrohung des durch dieses Gesetz geschützten Interesses ganz oder teilweise im Ausland eingetreten ist oder eintreten sollte, oder

b) wenn der Täter hier ein durch dieses Gesetz geschütztes Interesse verletzt oder bedroht hat oder wenn hier wenigstens teilweise eine solche Folge eintreten sollte, mag auch die Handlung im Ausland begangen worden sein.

§ 18

Nach tschechoslowakischem Gesetz wird auch die Strafbarkeit einer Tat beurteilt, die ein tschechoslowakischer Bürger oder ein staatenloser Bewohner der Republik im Ausland begangen hat.

§ 19

Die Strafbarkeit folgender Straftaten wird nach tschechoslowakischem Gesetz auch dann beurteilt, wenn sie ein Ausländer oder eine staatenlose Person, die nicht Bewohner der Republik ist, im Ausland zum Schaden der Interessen der Republik begangen hat: umstürzlerische Tätigkeit gegen die Republik (§ 92), Terror (§ 93 und 94), Schädigung (§ 95 und 96), Sabotage (§ 97), Subversion (§ 98), Spionage (§ 105), Fälschung und Veränderung von Geld (§ 140), Anfertigung und Haltung von Fälschergerät (§ 142), Angriff auf ein staatliches Organ und das Organ einer gesellschaftlichen Organisation nach § 153, Angriff auf einen öffentlichen Funktionär nach § 155, Genocidium (§ 259), Verwendung eines verbotenen Kampfmittels (§ 262), Grausamkeit im Kriege (§ 263), Plünderung im Raume von Kriegsoperationen (§ 264) und Mißbrauch der Bezeichnung des Roten Kreuzes (§ 265).

§ 20

1. Nach tschechoslowakischem Gesetz wird die Strafbarkeit einer Tat, die im Ausland von einem ausländischen Staatsangehörigen oder einer staatenlosen Person, die nicht Bewohner der Republik ist, begangen wurde, auch beurteilt,

a) wenn die Tat auch nach dem Gesetz strafbar ist, das in dem Gebiet wirksam ist, in dem die Tat begangen wurde,
b) wenn der Täter auf dem Gebiete der Republik ergriffen und keinem fremden Staat zur Strafverfolgung ausgeliefert wurde.

2. Dem Täter darf aber keine Strafe auferlegt werden, die strenger ist als diejenige, die das Gesetz des Staates, auf dessen Gebiet die Straftat begangen worden ist, bestimmt.

§ 21

1. Ein tschechoslowakischer Bürger kann einem fremden Staate weder zur Strafverfolgung noch zum Strafvollzug ausgeliefert werden.

2. Das Strafurteil eines fremden Staates kann auf dem Gebiete der Republik nicht vollzogen werden.

§ 22

1. Wenn wegen desselben Sachverhalts der Täter im Ausland in Haft war oder durch ein Organ des fremden Staates bestraft wurde,

wird ihm die in Haft verbrachte Zeit oder die vollzogene Strafe auf die durch ein tschechoslowakisches Gericht verhängte Strafe angerechnet, soweit die Anrechnung mit Rücksicht auf die Art der verhängten Strafe möglich ist. Entsprechend verfährt das Gericht, wenn es gegen den Täter eine sofort oder nachträglich gebildete Gesamtstrafe (§ 35) verhängt.

2. Wenn die Anrechnung von Haft oder einer im Ausland verhängten Strafe (Absatz 1) nicht möglich ist, insbesondere deshalb, weil im Ausland eine Strafe von der Art, wie sie dieses Gesetz nicht kennt, ganz oder teilweise vollzogen worden ist, berücksichtigt das Gericht diese Tatsache bei der Bestimmung der Strafart, gegebenenfalls auch des Strafmaßes.

VIERTES HAUPTSTÜCK

Strafen

Erster Abschnitt

Gemeinsame Bestimmungen über Strafen

§ 23

Strafzweck

1. Zweck der Strafe ist, die Gesellschaft vor einem Menschen, der Straftaten begeht, zu schützen, den Verurteilten an der weiteren Ausübung einer strafbaren Tätigkeit zu hindern und ihn zu erziehen, das ordentliche Leben eines werktätigen Menschen zu führen, und damit erzieherisch auch auf die übrigen Mitglieder der Gesellschaft einzuwirken.

2. Durch den Strafvollzug darf die Menschenwürde nicht erniedrigt werden.

Absehen von der Bestrafung und Erledigung der Sache durch das örtliche Volksgericht

§ 24

1. Von der Bestrafung eines Täters, der eine für die Gesellschaft mindergefährliche Straftat begangen hat, die Begehung der Tat bereut und ein tätiges Bemühen sich zu bessern zeigt, kann abgesehen werden,

a) wenn im Hinblick auf den Charakter der begangenen Tat und das bisherige Leben des Täters mit Grund erwartet werden kann, daß schon die Verhandlung der Sache vor dem Gericht zur Besserung des Täters ausreichen wird, oder

b) wenn das Gericht die von einer gesellschaftlichen Organisation[4]) angebotene Bürgschaft für eine Besserung des Täters annimmt, und der Ansicht ist, daß im Hinblick auf die erzieherische Kraft des Kollektivs, den Charakter der begangenen Tat und die Person des Täters die Verhängung der Strafe nicht notwendig erscheint.

2. Wenn das Gericht von der Bestrafung abgesehen hat, wird der Täter angesehen, als ob er nicht verurteilt worden wäre.

§ 25

Das Gericht kann von der Bestrafung auch dann absehen, wenn der Täter die Straftat im Zustande verminderter Zurechnungsfähigkeit begangen hat und das Gericht der Ansicht ist, daß Schutzheilung (§ 72), die es gleichzeitig verfügt, die Besserung des Täters und den Schutz der Gesellschaft besser sicherstellt als eine Strafe. Diese Bestimmung findet jedoch keine Anwendung, wenn der Täter sich in den Zustand verminderter Zurechnungsfähigkeit, gegebenenfalls auch nur aus Fahrlässigkeit, durch den Genuß eines alkoholischen Getränks oder eines Betäubungsmittels versetzt hat.

§ 26

Wenn der Täter eine für die Gesellschaft mindergefährliche Straftat begangen hat, die Begehung der Tat bereut und ein tätiges Bemühen sich zu bessern zeigt, kann die Sache vor dem örtlichen Volksgericht verhandelt werden, soweit im Hinblick auf den Charakter der begangenen Straftat, die Person des Täters und die erzieherische Kraft des Kollektivs, insbesondere wenn die von einer gesellschaftlichen Organisation angebotene Bürgschaft für eine Besserung des Täters angenommen wurde, mit Grund erwartet werden kann, daß die Erledigung der Sache durch das örtliche Volksgericht[5]) zur Besserung des Täters ausreicht.

Strafarten

§ 27

Wegen begangener Straftaten kann das Gericht nur folgende Strafen verhängen:

a) Freiheitsentziehung,
b) Besserungsmaßnahme,
c) Verlust der Ehrentitel und Auszeichnungen,
d) Verlust des militärischen Ranges,
e) Tätigkeitsverbot,
f) Verfall des Vermögens,

---

[4]) Diese Organisationen sind: die Grundorganisationen der Revolutionären Gewerkschaftsbewegung (ROH), des Csl. Jugendverbandes (CSM) und die Landwirtschaftlichen Einheitsgenossenschaften (JZD).

[5]) Siehe Einleitung S. 11.

g) Geldstrafe,
h) Verfall einer Sache,
ch) Ausweisung.

§ 28

1. Wenn dieses Gesetz in seinem Besonderen Teile für eine Straftat mehrere Strafen vorsieht, kann jede dieser Strafen selbständig oder können auch mehrere nebeneinander verhängt werden. Neben einer Strafe, die dieses Gesetz in seinem Besonderen Teile für eine Straftat vorsieht, können auch andere in § 27 angeführte Strafen verhängt werden. Die Ausweisung kann selbständig verhängt werden, auch soweit dieses Gesetz in seinem Besonderen Teile eine solche Strafe nicht vorsieht.

2. Es darf aber nicht verhängt werden:

a) eine Besserungsmaßnahme neben Freiheitsentziehung oder Geldstrafe,
b) eine Geldstrafe neben Verfall des Vermögens.

Ausnahmestrafe — Todesstrafe

§ 29

1. Das Gericht kann die Todesstrafe nur für eine Straftat verhängen, bei der dieses Gesetz in seinem Besonderen Teil es gestattet, und zwar nur unter der Bedingung, daß der Grad der Gefährlichkeit einer solchen Straftat für die Gesellschaft im Hinblick auf die besonders verwerfliche Art der Durchführung der Tat oder einen besonders verwerflichen Beweggrund oder eine besonders schwere und schwer behebbare Folge außerordentlich hoch ist und

a) ein wirksamer Schutz der Gesellschaft die Verhängung der Strafe verlangt, oder
b) keine Hoffnung besteht, daß es möglich sein werde, durch eine Strafe auf den Täter erzieherisch einzuwirken.

2. Gegen einen Soldaten, der eine solche Straftat zur Zeit der Wehrbereitschaft des Staates oder in einer Kampfsituation begangen hat, kann das Gericht die Todesstrafe auch unter der Voraussetzung verhängen, daß durch eine solche Straftat eine Kampfhandlung vereitelt oder wesentlich bedroht oder in erhöhtem Maße die Disziplin oder Ordnung in den bewaffneten Kräften oder in einem bewaffneten Korps bedroht wurden.

3. Die Todesstrafe kann nicht gegen ein schwangeres Weib oder eine Person, die zur Zeit der Begehung der Straftat das 18. Lebensjahr nicht überschritten hat, verhängt werden.

§ 30

1. In die verhängte Todesstrafe einbegriffen ist der Verlust der Ehrentitel und Auszeichnungen und der Verlust des militärischen Ranges.

2. Neben der Todesstrafe kann nur die Strafe des Vermögensverfalls verhängt werden.

3. Die Todesstrafe wird durch Erhängen vollstreckt; zur Zeit der Wehrbereitschaft des Staates kann sie auch durch Erschießen vollstreckt werden.

Zweiter Abschnitt

Allgemeine Grundsätze für die Verhängung von Strafen

Strafzumessung

§ 31

1. Bei der Bestimmung von Art und Ausmaß der Strafe berücksichtigt das Gericht den Grad der Gefährlichkeit der Straftat für die Gesellschaft (§ 3 Abs. 4), die Besserungmöglichkeiten und die Verhältnisse des Täters. Wenn das Gericht die von einer gesellschaftlichen Organisation angebotene Bürgschaft für die Besserung des Täters annimmt, zieht es auch die erzieherische Kraft des Kollektivs in Erwägung und verhängt die Strafe unter Berücksichtigung dieses Umstands.

2. Bei der Bestimmung von Art und Ausmaß der Strafe berücksichtigt das Gericht

a) bei Mittätern auch, in welchem Maße das Handeln eines jeden von ihnen zur Begehung der Straftat beigetragen hat,

b) bei dem Organisator, Anstifter und Gehilfen auch die Bedeutung und den Charakter ihrer Beteiligung an der Straftat,

c) bei der Vorbereitung zu einer Straftat und beim Versuch einer Straftat auch, bis zu welchem Maße das Handeln des Täters der Vollendung der Straftat nahegekommen ist, sowie die Umstände und Gründe, derentwegen es nicht zu ihrer Vollendung gekommen ist.

3. Ein Umstand, der gesetzliches Merkmal einer Straftat ist, darf nicht als mildernder oder erschwerender Umstand oder als Umstand, der die Anwendung eines höheren Strafsatzes bedingt, berücksichtigt werden.

§ 32

1. Wenn der Täter die Straftat im Zustande verminderter Zurechnungsfähigkeit begangen hat, in die er sich, gegebenenfalls aus Fahrlässigkeit, durch den Genuß eines alkoholischen Getränks oder eines Betäubungsmittels versetzt hat, berücksichtigt das Gericht diesen Umstand bei der Bestimmung von Art und Ausmaß der Strafe.

2. Erachtet das Gericht, daß im Hinblick auf den Gesundheitszustand eines solchen Täters der Strafzweck auch durch eine Strafe

von kürzerer Dauer unter gleichzeitiger Verhängung der Schutzheilung (§ 72) erreicht werden könnte, setzt es die Strafe der Freiheitsentziehung unter die untere Grenze des Strafsatzes herab, ohne durch die in § 40 Abs. 3 angeführte Beschränkung gebunden zu sein, und erkennt gleichzeitig auf Schutzheilung.

§ 33

Bei der Bemessung der Strafe wird als mildernder Umstand insbesondere berücksichtigt, daß der Täter

a) die Straftat in starker Erregung begangen hat,
b) die Straftat in einem Alter begangen hat, das dem Alter der Jugendlichen nahe liegt,
c) die Straftat unter dem Druck einer Abhängigkeit oder Unter-Organen geholfen hat.
d) die Straftat unter dem Einfluß von Drohung oder Druck begangen hat,
e) die Straftat unter dem Einfluß schwieriger persönlicher oder familiärer Verhältnisse, die er nicht selbst herbeigefüührt hat, begangen hat,
f) die Straftat in Abwendung eines Angriffs oder einer anderen Gefahr, ohne daß die Voraussetzungen der Notwehr oder des Notstands ganz erfüllt sind, begang enhat,
g) vor Begehung der Straftat ein ordentliches Leben als werktätiger Mensch geführt hat,
h) sich um die Beseitigung der schädlichen Folgen der Straftat bemüht oder freiwillig den verursachten Schaden ersetzt hat,
ch) die Straftat aufrichtig bereut hat,
i) seine Straftat den Behörden selbst angezeigt hat, oder
j) bei der Aufklärung seiner strafbaren Tätigkeit den zuständigen Behörden geholfen hat.

§ 34

Bei der Bemessung der Strafe wird als erschwerender Umstand insbesondere berücksichtigt, daß der Täter

a) die Straftat aus Feindschaft gegenüber der sozialistischen gesellschaftlichen und staatlichen Ordnung der Republik oder aus einem anderen besonders verwerflichen Beweggrund begangen hat,
b) die Straftat auf rohe Art, meuchlerisch, mit besonderer Hinterlist oder auf entsprechende andere Art begangen hat,
c) die Straftat unter Ausnutzung der Wehrlosigkeit, Abhängigkeit oder Unterordnung eines anderen begangen hat,
d) die Straftat während einer Elementarkatastrophe oder während eines anderen, das Leben, die öffentliche Ordnung oder das Vermögen ernstlich bedrohenden Ereignisses begangen hat,

e) durch die Straftat eine besondere Pflicht verletzt hat,
f) durch die Straftat einen höheren Schaden verursacht hat,
g) die Straftat als Organisator, als Mitglied einer organisierten Gruppe oder Mitglied einer Verbindung begangen hat.
h) einen anderen, insbesondere einen Jugendlichen, zur Straftat verleitet hat,
ch) längere Zeit hindurch die Straftat begangen oder ihre Begehung fortgesetzt hat,
i) mehrere Straftaten begangen hat, oder
j) schon wegen einer Straftat verurteilt wurde; das Gericht ist berechtigt, diesen Umstand je nach dem Charakter der vorausgegangenen Verurteilung als nicht erschwerend anzusehen.

Verhängung einer Strafe für mehrere Straftaten

§ 35

1. Wenn das Gericht den Täter wegen zweier oder mehrerer Straftaten verurteilt, erkennt es gegen ihn auf eine Gesamtstrafe nach derjenigen gesetzlichen Bestimmung, die sich auf die von allen am strengsten strafbare Straftat bezieht; neben der nach dieser gesetzlichen Bestimmung zulässigen Strafe kann es im Rahmen der Gesamtstrafe auch auf eine andere Strafart erkennen, wenn ihre Verhängung durch eine der abgeurteilten Straftaten begründet wäre. Wenn die unteren Grenzen der Strafsätze von Freiheitsentziehung verschieden sind, ist die höchste unter ihnen die untere Grenze der Gesamtstrafe. Wenn dieses Gesetz für eine dieser Straftaten nur die Strafe der Freiheitsentziehung vorsieht, kann keine andere von den in § 27 aufgeführten Strafen als selbständige Strafe Gesamtstrafe sein.

2. Das Gericht verhängt eine nachträglich gebildete Gesamtstrafe nach den in Abs. 1 aufgeführten Grundsätzen, wenn es den Täter wegen einer Straftat verurteilt, die er begangen hat, bevor durch das Gericht des ersten Rechtszugs ein Schuldspruch für eine andere von ihm begangene Straftat verkündet worden ist. Zusammen mit der Verhängung der nachträglich gebildeten Gesamtsrafe hebt das Gericht den Anspruch über die durch das frühere Urteil gegen den Täter verhängte Strafe auf. Die nachträglich gebildete Gesamtstrafe darf nicht milder als die durch das frühere Urteil verhängte Strafe sein. Im Rahmen der nachträglich gebildeten Gesamtstrafe muß das Gericht die Strafe des Verlustes der Ehrentitel und Auszeichnungen, des Verlustes des militärischen Ranges, des Verfalls des Vermögens und des Verfalls einer Sache aussprechen, wenn eine solche Strafe schon durch das frühere Urteil ausgesprochen worden war.

3. Die Bestimmungen über die nachträglich gebildete Gesamtstrafe finden keine Anwendung, wenn die frühere Verurteilung solcher Art ist, daß der Täter angesehen wird, als ob er nicht verurteilt worden wäre.

§ 36

Wenn das Gericht den Täter wegen einer Straftat verurteilt, die er begangen hat, bevor die durch ein früheres Urteil verhängte Strafe vollzogen ist, und gegen ihn eine Strafe gleicher Art verhängt, darf diese Strafe zusammen mit dem bisher nicht vollzogenen Teil der durch das frühere Urteil verhängten Strafe das höchste durch dieses Gesetz für diese Strafart erlaubte Strafmaß nicht überschreiten.

§ 37

Das Gericht sieht von der Verhängung einer nachträglich gebildeten Gesamtstrafe nach § 35 Abs. 2 oder von der Verhängung einer weiteren Strafe nach § 36 ab, wenn es der Ansicht ist, daß die durch das frühere Urteil verhängte Strafe ausreichend ist.

§ 38

Anrechnung von Haft und Strafe

1. Wenn gegen einen in Haft befindlichen Täter ein Strafverfahren geführt wurde und es in diesem Verfahren zu seiner Verurteilung kommt, wird ihm die in Haft verbrachte Zeit auf die verhängte Strafe, gegebenenfalls auf die Gesamtstrafe oder nachträglich gebildete Gesamtstrafe, angerechnet, soweit im Hinblick auf die Art der verhängten Strafe die Anrechnung möglich ist.

2. Wenn der Täter durch das Gericht oder ein anderes Organ bestraft wurde und es zu einer erneuten Verurteilung wegen desselben Sachverhalts kam, wird ihm die vollzogene Strafe auf die verhängte Strafe angerechnet, soweit im Hinblick auf die Art der verhängten Strafe die Anrechnung möglich ist. Entsprechend verfährt das Gericht, wenn es gegen den Täter eine Gesamtstrafe oder nachträglich gebildete Gesamtstrafe verhängt hat.

3. Bei der Anrechnung von Haft oder der Strafe der Freiheitsentziehung auf die Strafe der Besserungsmaßnahme und bei der Anrechnung der Strafe der Besserungsmaßnahme auf die Strafe der Freiheitsentziehung wird ein Tag Haft oder ein Tag Freiheitsentziehung auf zwei Tage Besserungsmaßnahme angerechnet.

4. Wenn die Anrechnung von Haft oder Strafe (Abs. 1 bis 3) nicht möglich ist, berücksichtigt das Gericht diese Tatsache bei der Bestimmung der Strafart, gegebenenfalls des Strafmaßes.

Dritter Abschnitt

Verhängung und Vollstreckung der einzelnen Strafen

§ 39

Freiheitsentziehung

1. Die Strafe der Freiheitsentziehung wird höchstens auf 15 Jahre verhängt.

2. Die Strafe der Freiheitsentziehung wird in Besserungsanstalten des Innenministeriums vollstreckt. Die Strafe der Freiheitsentziehung, die zwei Jahre nicht übersteigt und gegen einen Soldaten im militärischen Grunddienst verhängt wurde, kann auch in Besserungsanstalten des Ministeriums für nationale Verteidigung vollstreckt werden. Bei der Strafvollstreckung wird der Verurteilte systematisch dazu erzogen, ein ordentliches Leben als werktätiger Mensch zu führen.

3. Wenn die Strafe der Freiheitsentziehung in einer Besserungsanstalt des Ministeriums für nationale Verteidigung vollstreckt wurde, wird der Täter angesehen, als ob er nicht verurteilt worden wäre.

§ 40

Außerordentliche Herabsetzung der Strafe der Freiheitsentziehung

1. Wenn das Gericht im Hinblick auf die Ausnahmeumstände des Falles oder auf die außerordentlichen Verhältnisse des Klägers der Ansicht ist, daß die Anwendung des durch dieses Gesetz bestimmten Strafsatzes für die Freiheitsentziehung für den Täter unangemessen streng wäre und daß der Strafzweck auch durch eine Strafe von kürzerer Dauer zu erreichen ist, kann es die Strafe der Freiheitsentziehung unter die untere Grenze des durch dieses Gesetz bestimmten Strafsatzes herabsetzen.

2. Das Gericht kann die Strafe der Freiheitsentziehung unter die untere Grenze des Strafsatzes auch dann herabsetzen, wenn es den Täter wegen Vorbereitung zu einer Straftat verurteilt und im Hinblick auf den Charakter und die Bedeutung der Vorbereitung der Ansicht ist, daß die Anwendung des durch dieses Gesetz bestimmten Strafsatzes für Freiheitsentziehung für den Täter unangemessen streng wäre und daß der Strafzweck auch durch eine Strafe von kürzerer Dauer zu erreichen ist.

3. Bei der Herabsetzung der Strafe der Freiheitsentziehung nach den Absätzen 1 und 2 darf nicht eine Strafe

a) unter fünf Jahren, wenn die untere Grenze des Strafsatzes der Freiheitsentziehung wenigstens zwölf Jahre beträgt,

b) unter drei Jahren, wenn die untere Grenze des Strafsatzes der Freiheitsentziehung wenigstens acht Jahre beträgt,

c) unter einem Jahr, wenn die untere Grenze des Strafsatzes der Freiheitsentziehung wenigstens fünf Jahre beträgt,

verhängt werden.

Verhängung der Strafe der Freiheitsentziehung gegen einen besonders gefährlichen Rückfalltäter

§ 41

Ein Täter, der

a) erneut eine besonders schwere vorsätzliche Straftat begangen hat, obwohl er schon wegen einer solchen oder einer anderen besonders schweren vorsätzlichen Straftat bestraft worden ist, oder

b) planmäßig vorsätzliche Straftaten dieser Art begeht, obwohl er wegen solcher Straftaten schon mehrmals bestraft worden ist,

wird als besonders gefährlicher Rückfalltäter angesehen, wenn die für die Schwere der Tat angeführten Umstände, namentlich im Hinblick auf die Länge der Zeit, die seit seiner letzten Verurteilung verflossen ist, den Grad der Gefährlichkeit seiner Straftat für die Gesellschaft wesentlich erhöhen.

§ 42

1. Die obere Grenze des in diesem Gesetz bestimmten Strafsatzes für Freiheitsentziehung erhöht sich bei einem besonders gefährlichen Rückfalltäter um ein Drittel. Gegen einen besonders gefährlichen Rückfalltäter verhängt das Gericht eine Strafe in Höhe der oberen Hälfte des so bestimmten Strafsatzes der Freiheitsentziehung.

2. Die obere Grenze des Strafsatzes darf auch nach Erhöhung gemäß Absatz 1 fünfzehn Jahre nicht überschreiten.

Besserungsmaßnahmen

§ 43

1. Das Gericht kann die Strafe der Besserungsmaßnahme nur verhängen, wenn dieses Gesetz in seinem Besonderen Teile es gestattet und wenn im Hinblick auf die Person des Täters und die Möglichkeit seiner Besserung die Verhängung der Strafe der Freiheitsentziehung zur Erreichung des Strafzwecks nicht notwendig ist.

2. Die Besserungsmaßnahme darf nicht verhängt werden, wenn der Täter dauernd arbeitsunfähig ist oder wenn andere Umstände vorliegen, die der Vollstreckung dieser Strafe entgegenstehen.

§ 44

1. Das Gericht kann die Strafe der Besserungsmaßnahme auf die Dauer von zwei Monaten bis zu einem Jahre verhängen.

2. Die Besserungsmaßnahme wird in Freiheit vollstreckt. Der Verurteilte ist verpflichtet, während der Strafzeit eine Arbeit unter den vom Gericht festgesetzten Bedingungen gemäß Abs. 3 und 4 zu verrichten.

3. Von dem Arbeitslohn, der dem Verurteilten zusteht, fallen 10 bis 25 v. H. dem Staate zu; höhere Abzüge werden vom Gericht festgesetzt.

4. Das Gericht kann aus wichtigen Gründen für die Dauer der Strafvollstreckung auch eine Änderung der Beschäftigung des Täters in der Richtung anordnen, daß er eine weniger verantwortliche Arbeit oder eine Arbeit an einem anderen Arbeitsplatz verrichtet; in diesem Falle setzt das Gericht gleichzeitig die Grundsätze für die Bestimmung von Art, Durchführung und Ort der Beschäftigung des Täters fest. Das Gericht kann dem Täter für die Dauer der Strafzeit auch andere angemessene Beschränkungen, die darauf gerichtet sind, daß er ein ordentliches Leben als werktätiger Mensch führt, auferlegen.

§ 45

1. Auf die Zeit der Vollstreckung der Besserungsmaßnahme wird die Zeit, während der der Verurteilte aus irgendeinem Grunde nicht gearbeitet hat, nicht angerechnet.

2. Wenn der Verurteilte in der Zeit nach seiner Verurteilung bis zur Beendigung der Vollstreckung der Besserungsmaßnahme nicht ein ordentliches Leben als werktätiger Mensch geführt hat oder den auferlegten Bedingungen nicht nachgekommen ist, wandelt das Gericht die Strafe der Besserungsmaßnahme oder deren Rest in eine Strafe der Freiheitsentziehung um; dabei zählen zwei Tage nicht vollstreckter Besserungsmaßnahme als ein Tag Freiheitsentziehung.

3. Wenn die Strafe der Besserungsmaßnahme vollstreckt wurde, wird der Täter angesehen, als ob er nicht verurteilt worden wäre.

§ 46

Verlust der Ehrentitel und Auszeichnungen

1. Das Gericht kann die Strafe des Verlustes der Ehrentitel und Auszeichnungen verhängen, wenn es den Täter wegen einer vorsätzlichen Straftat, die aus Feindschaft gegenüber der sozialistischen und staatlichen Ordnung der Republik oder aus einem anderen besonders verwerflichen Beweggrund begangen wurde, zu einer unbedingten Strafe der Freiheitsentziehung von mindestens zwei Jahren verurteilt.

2. Der Verlust der Ehrentitel und Auszeichnungen besteht darin, daß der Verurteilte seine tschechoslowakischen Auszeichnungen, ehrenvollen Anerkennungen, Würden als Wissenschaftler und Künstler, und andere Ehrentitel sowie auch das Recht, ausländische Auszeichnungen zu tragen und ausländische Ehrentitel zu benutzen, verliert.

Verlust des militärischen Ranges

§ 47

Das Gericht kann die Strafe des Verlustes des militärischen Ranges verhängen, wenn es den Täter wegen einer vorsätzlichen Straftat, die aus einem besonders verwerflichen Beweggrund begangen wurde, zu einer unbedingten Strafe der Freiheitsentziehung von mindestens zwei Jahren verurteilt.

2. Das Militärgericht kann diese Strafe auch neben einer kürzeren unbedingten Strafe der Freiheitsentziehung verhängen, wenn im Hinblick auf den Charakter der begangenen Straftat die Disziplin und Ordnung in den bewaffneten Kräften oder in einem bewaffneten Korps dies erfordert.

§ 48

Der Verlust des militärischen Ranges besteht darin, daß der militärische Rang des Verurteilten auf den Rang eines einfachen Soldaten herabgesetzt und ihm sein Rang in einem bewaffneten Korps, dessen Angehörige der Zuständigkeit der Militärgerichte unterstehen, entzogen wird.

Tätigkeitsverbot

§ 49

1. Das Gericht kann die Strafe des Tätigkeitsverbots auf die Dauer von einem Jahr bis zu fünf Jahren verhängen, wenn der Täter in Zusammenhang mit dieser Tätigkeit eine Straftat begangen hat.

2. Das Gericht kann die Strafe des Tätigkeitsverbots als selbständige Strafe nur in dem Fall verhängen, in dem dieses Gesetz in seinem Besonderen Teile die Verhängung dieser Strafe gestattet, und wenn im Hinblick auf den Charakter der begangenen Straftat und die Möglichkeit einer Besserung des Täters die Verhängung einer anderen Strafe zur Erreichung des Strafzwecks nicht erforderlich ist.

3. Wenn die Strafe des Tätigkeitsverbots neben einer unbedingten Strafe der Freiheitsentziehung verhängt wurde, wird die Zeit der Vollstreckung der Freiheitsentziehung auf die Zeit der Vollstreckung des Tätigkeitsverbots nicht angerechnet.

§ 50

1. Die Strafe des Tätigkeitsverbots besteht darin, daß dem Verurteilten für die Zeit der Vollstreckung dieser Strafe die Ausübung einer bestimmten Beschäftigung, eines bestimmten Berufs oder einer bestimmten Funktion oder solchen Tätigkeit, zu der eine besondere Genehmigung erforderlich ist, untersagt ist.

2. Wenn die Strafe des Tätigkeitsverbots vollstreckt wurde, wird der Täter angesehen, als ob er nicht verurteilt worden wäre.

Verfall des Vermögens

§ 51

Das Gericht kann im Hinblick auf die Umstände der begangenen Straftat und die Verhältnisse des Täters die Strafe des Vermögensverfalls verhängen, wenn es den Täter zur Todesstrafe oder zu einer unbedingten Strafe der Freiheitsentziehung

2. Das Gericht kann einem bedingt Verurteilten angemessene Beschränkungen auferlegen, die dahin zielen, daß er ein ordentliches Leben als werktätiger Mensch führt; in der Regel hat es ihm auch die Auflage zu machen, nach seinen Kräften den Schaden, den er durch seine Straftat verursacht hat, zu ersetzen.

3. Die Zeit, während der der bedingt Verurteilte innerhalb der Probezeit ein ordentliches Leben als werktätiger Mensch geführt hat und den auferlegten Bedingungen nachgekommen ist, wird auf die Probezeit, die bei bedingter Verurteilung wegen desselben Sachverhalts neu bestimmt wurde, oder auf die bei Verhängung einer sofort oder nachträglich gebildeten Gesamtstrafe bestimmte Probezeit angerechnet.

§ 60

1. Wenn der bedingt Verurteilte während der Probezeit ein ordentliches Leben als werktätiger Mensch geführt hat und den auferlegten Bedingungen nachgekommen ist, erklärt das Gericht, daß er sich bewährt hat; im anderen Falle entscheidet es, gegebenenfalls schon im Verlaufe der Probezeit, daß die Strafe vollzogen wird.

2. Wenn die gesellschaftliche Organisation die Bürgschaft für die Besserung des bedingt Verurteilten widerrufen hat, überprüft das Gericht, wie er sich während der Probezeit verhalten hat, und wenn es erachtet, daß die bedingte Verurteilung nicht ihre Aufgabe erfüllt, entscheidet es, daß die Strafe vollzogen wird; im anderen Falle beläßt es die bedingte Verurteilung in Gültigkeit.

3. Wenn das Gericht binnen eines Jahres seit Ablauf der Probezeit keine Entscheidung nach Abs. 1 getroffen hat, ohne daß der bedingt Verurteilte daran schuld hatte, ist davon auszugehen, daß sich der bedingt Verurteilte bewährt hat.

4. Wurde ausgesprochen, daß sich der bedingt Verurteilte bewährt hat, oder geht man davon aus, daß er sich bewährt hat (Abs. 3), wird der Täter angesehen, als ob er nicht verurteilt worden wäre.

Bedingte Entlassung und bedingtes Absehen vom Vollzug eines Strafrestes des Tätigkeitsverbots

§ 61

1. Nach Vollzug der Hälfte einer verhängten oder nach einer Entschließung des Präsidenten der Republik gemilderten Strafe der Freiheitsentziehung kann das Gericht den Verurteilten bedingt in Freiheit setzen, wenn der Verurteilte während des Strafvollzugs durch musterhaftes Verhalten und ehrliche Einstellung zur Arbeit eine Besserung bewiesen hat, und wenn

a) von ihm erwartet werden kann, daß er in Zukunft ein ordentliches Leben als werktätiger Mensch führen wird, oder

b) das Gericht die von einer gesellschaftlichen Organisation angebotene Bürgschaft für die Vollendung der Besserung des Verurteilten annimmt.

2. Nach Vollzug der Hälfte der Strafe des Tätigkeitsverbots kann das Gericht vom Vollzug des Strafrestes bedingt absehen, wenn der Verurteilte während der Dauer des Strafvollzugs durch musterhafte Erfüllung seiner Beschäftigungs- oder Berufspflichten und durch seine Lebensweise bewiesen hat, daß ein weiterer Vollzug dieser Strafe nicht erforderlich ist, oder wenn das Gericht die von einer gesellschaftlichen Organisation angebotene Bürgschaft für die Vollendung der Besserung des Verurteilten annimmt.

§ 62

Erst nach Vollzug von zwei Dritteln der verhängten Strafe der Freiheitsentziehung können bedingt entlassen werden: eine Person, die verurteilt wurde wegen Vaterlandsverrats (§ 91), umstürzlerischer Tätigkeit gegen die Republik (§ 92), Terrors (§§ 93 und 94), Schädigung (§§ 95 und 96), Sabotage (§ 97), Spionage (§ 105), oder einer entsprechenden Straftat gegen einen Staat des sozialistischen Weltsystems, ferner wegen Kriegsverrats (§ 114), Spekulation gemäß § 117 Abs. 2, 3, Entwendung von Vermögen in sozialistischem Eigentum gemäß § 132 Abs. 3, 4, Gemeingefährdung gemäß § 179 Abs. 2, 3, Mordes (§ 219), Raubes gemäß § 234 Abs. 2, 3, Notzucht gemäß § 241 Abs. 2, 3, geschlechtlichen Mißbrauchs gemäß § 242 Abs. 3, 4, oder Genocidiums (§ 259), sowie auch ein besonderes gefährlicher Rückfalltäter (§ 41).

§ 63

1. Bei der bedingten Entlassung bestimmt das Gericht eine Probezeit von einem Jahr bis zu sieben Jahren; die Probezeit beginnt mit der bedingten Entlassung des Verurteilten.

2. Beim bedingten Absehen vom Vollzug des Restes der Strafe des Tätigkeitsverbots bestimmt das Gericht eine Probezeit bis zu zwei Jahren; die Probezeit beginnt mit der Rechtskraft der Entscheidung über dieses Absehen.

3. Einem bedingt Entlassenen kann das Gericht angemessene Beschränkungen auferlegen, die dahin zielen, daß er ein ordentliches Leben als werktätiger Mensch führt; es kann ihm auch auferlegen, nach seinen Kräften den Schaden, den er durch seine Straftat verursacht hat, zu ersetzen.

§ 64

1. Wenn der bedingt Entlassene oder der Verurteilte, bei dem vom Vollzug des Strafrestes des Tätigkeitsverbots bedingt abgesehen wurde, während der Probezeit ein ordentliches Leben als werktätiger Mensch geführt und den ihm auferlegten Bedingungen entsprochen

hat, erklärt das Gericht, daß er sich bewährt hat; im andern Falle entscheidet es, und zwar gegebenenfalls schon im Verlaufe der Probezeit, daß der Strafrest vollzogen wird.

2. Wenn das Gericht erklärt hat, daß der bedingt Entlassene oder der Verurteilte, bei dem vom Vollzug des Strafrestes des Tätigkeitsverbots bedingt abgesehen wurde, sich bewährt hat, ist davon auszugehen, daß die Strafe mit dem Tage vollzogen wurde, an dem er bedingt entlassen wurde oder an dem die Entscheidung über das bedingte Absehen vom Vollzug des Strafrestes des Tätigkeitsverbots rechtskräftig geworden ist.

3. Bei einem bedingt Entlassenen oder einem Verurteilten, bei dem vom Vollzug des Strafrestes des Tätigkeitsverbots bedingt abgesehen wurde, ist auch dann, wenn das Gericht ohne ihre Schuld binnen eines Jahres nach Ablauf der Probezeit keine Entscheidung nach Absatz 1 getroffen hat, davon auszugehen, daß die Strafe mit dem Tage vollzogen wurde, an dem es zur bedingten Entlassung kam oder an dem die Entscheidung über das bedingte Absehen vom Vollzug des Strafrestes des Tätigkeitsverbots rechtskräftig geworden ist.

4. Wiederholte bedingte Entlassung aus dem Vollzug derselben Strafe ist nach Vollzug der Hälfte des Strafrestes und in den in § 62 aufgeführten Fällen nach Vollzug von zwei Dritteln des Strafrestes möglich.

5. Wenn die gesellschaftliche Organisation die Bürgschaft für die Vollendung der Besserung des Verurteilten widerrufen hat, überprüft das Gericht, wie er sich während der Probezeit verhalten hat, und wenn es erachtet, daß die bedingte Entlassung oder das bedingte Absehen vom Vollzug des Strafrestes des Tätigkeitsverbots nicht ihren Zweck erfüllen, entscheidet es, daß die Strafe vollzogen wird; im anderen Falle beläßt es die bedingte Entlassung oder das bedingte Absehen vom Vollzug des Strafrestes des Tätigkeitsverbots in Gültigkeit.

FÜNFTES HAUPTSTÜCK

Erlöschen der Strafbarkeit und Strafe

§ 65

Erlöschen der Gefährlichkeit einer Straftat für die Gesellschaft

Die Strafbarkeit einer Tat, die im Zeitpunkt ihrer Begehung für die Gesellschaft gefährlich war, erlischt, wenn im Hinblick auf die Änderung der Situation oder im Hinblick auf die Person des Täters die Straftat nicht mehr gefährlich für die Gesellschaft ist.

§ 66

Tätige Reue

Die Strafbarkeit des Vaterlandsverrats (§ 91), der umstürzlerischen Tätigkeit gegen die Republik (§ 92), des Terrors (§§ 93 und 94), der Schädigung (§§ 95 und 96), der Sabotage (§ 97), der Subversion (§ 98), der Schädigung eines Staates des sozialistischen Weltsystems (§ 99), der Spionage (§ 105), der Gefährdung eines Staatsgeheimnisses (§§ 106 und 107), der Spionage und Gefährdung eines Staatsgeheimnisses zum Schaden eines Staates des sozialistischen Weltsystems (§ 108), der Gefährdung eines Wirtschaftsgeheimnisses (§ 122), der Verletzung von Vorschriften über den Warenumlauf im Verkehr mit dem Ausland (§ 124), der Gefährdung der Devisenwirtschaft (§§ 146 und 147), der Steuerhinterziehung (§ 148), der Gefangenenmeuterei (§ 172), der Gefährdung eines Dienstgeheimnisses (§ 173), der Gemeingefährdung (§§ 179 und 180), der Beschädigung und Gefährdung des Betriebs einer gemeinnützigen Einrichtung (§§ 182 bis 184), der Verbreitung einer ansteckenden Krankheit (§§ 189 bis 192), der Gefährdung der Gesundheit durch nicht einwandfreie Lebensmittel und andere Bedarfsgegenstände (§§ 193 und 149), des Genocidiums (§ 259) und der Verwendung eines verbotenen Kampfmittels (§ 262) erlischt, wenn der Täter freiwillig

a) den schädlichen Erfolg der Straftat verminderte oder gutmachte, oder

b) zu einer Zeit, in der der schädliche Erfolg der Straftat noch verhindert werden konnte, eine Anzeige über die Straftat erstattete. Die Anzeige muß beim Prokurator oder einem Sicherheitsorgan erstattet werden; ein Soldat kann stattdessen eine Anzeige beim Kommandeur oder Vorgesetzten erstatten.

§ 67

Verjährung der Strafverfolgung

1. Die Strafbarkeit der Tat erlischt mit Ablauf der Verjährungszeit. Diese beträgt

a) zwanzig Jahre, wenn es sich um eine Straftat handelt, für die dieses Gesetz in seinem Besonderen Teil die Verhängung der Todesstrafe gestattet,

b) zehn Jahre, wenn die obere Grenze des Strafsatzes der Freiheitsentziehung mindestens zehn Jahre beträgt,

c) fünf Jahre, wenn die obere Grenze des Strafsatzes der Freiheitsentziehung mindestens drei Jahre beträgt,

d) drei Jahre bei den übrigen Straftaten.

2. In die Verjährungszeit wird die Zeit, die während der es wegen eines gesetzlichen Hindernisses nicht möglich war, den Täter vor Gericht zu stellen, und die Zeit, während der er sich im Ausland aufgehalten hat, nicht eingerechnet.

3. Die Verjährung der Strafverfolgung wird unterbrochen

a) durch Erhebung einer Beschuldigung wegen der Straftat, um die es sich bei der Verjährung handelt, sowie durch die folgenden auf Strafverfolgung des Täters gerichteten Amtshandlungen eines Untersuchungsorgans, Prokurators oder Gerichts, oder

b) wenn der Täter innerhalb der Verjährungszeit eine neue Straftat, für die dieses Gesetz die gleiche oder eine strengere Strafe vorsieht, begangen hat.

4. Mit der Unterbrechung der Verjährung beginnt eine neue Verjährungszeit.

§ 68

Verjährung der Strafvollstreckung

1. Eine verhängte Strafe kann nach Ablauf der Verjährungszeit nicht mehr vollstreckt werden. Die Verjährungszeit beträgt

a) zwanzig Jahre, wenn es sich um eine Verurteilung zur Todesstrafe handelt,

b) fünfzehn Jahre, wenn es sich um eine Verurteilung zu einer zehn Jahre übersteigenden Strafe der Freiheitsentziehung handelt,

c) zehn Jahre, wenn es sich um eine Verurteilung zu einer mindestens fünfjährigen Strafe der Freiheitsentziehung handelt,

d) fünf Jahre bei Verurteilung zu einer anderen Strafe.

2. Die Verjährungszeit beginnt mit der Rechtskraft des Urteils und bei bedingter Verurteilung mit der Rechtskraft der Entscheidung, wonach die Strafe zu vollstrecken ist. In die Verjährungszeit wird die Zeit, während der die Strafe nicht vollstreckt werden konnte, weil sich der Verurteilte unberechtigt im Ausland aufhielt, nicht eingerechnet. Bei Tätigkeitsverbot, Geldstrafe und Ausweisung wird auch die Zeit, während der gegen den Verurteilten die Strafe der Freiheitsentziehung vollstreckt wurde, in die Verjährungszeit nicht eingerechnet.

3. Die Verjährung der Strafvollstreckung wird unterbrochen,

a) wenn das Gericht Maßnahmen getroffen hat, die auf die Vollstreckung der Strafe, um deren Verjährung es geht, gerichtet waren, oder

b) wenn der Verurteilte innerhalb der Verjährungszeit eine neue Straftat, für die dieses Gesetz die gleiche oder eine strengere Strafe vorsieht, begangen hat.

4. Mit der Unterbrechung der Verjährung beginnt eine neue Verjährungszeit.

Tilgung der Verurteilung

§ 69

1. Das Gericht tilgt die Verurteilung, wenn der Verurteilte nach Vollstreckung oder Erlaß der Strafe oder nach Verjährung ihrer Voll-

streckung ein ordentliches Leben als werktätiger Mensch ununterbrochen während einer Zeit von mindestens

a) zehn Jahren, wenn es sich um eine Verurteilung zu einer fünf Jahre übersteigenden Strafe der Freiheitsentziehung handelt,
b) fünf Jahren, wenn es sich um eine Verurteilung zu einer ein Jahr übersteigenden Strafe der Freiheitsentziehung handelt,
c) drei Jahren, wenn es sich um eine Verurteilung zu einer ein Jahr nicht übersteigenden Strafe der Freiheitsentziehung handelt,
d) einem Jahr, wenn es sich um eine Verurteilung zu einer Geldstrafe oder zum Verfall einer Sache handelt,

geführt hat.

2. Wenn es sich um eine Verurteilung zum Verlust der Ehrentitel und Auszeichnungen, zum Verlust des militärischen Ranges oder Verfall des Vermögens handelt, richtet sich die in Abs. 1 angeführte Zeit nach der Länge der Strafe der Freiheitsentziehung, neben der die angeführte Strafe verhängt worden ist.

3. Wenn der Verurteilte nach Vollstreckung oder Erlaß der Strafe oder Verjährung ihrer Strafvollstreckung durch musterhaftes Verhalten und ehrliche Einstellung zur Arbeit seine Besserung bewiesen hat, kann das Gericht auf Ersuchen einer gesellschaftlichen Organisation oder des Verurteilten auch vor Ablauf der im Abs. 1 angeführten Zeit die Verurteilung tilgen.

4. Die im Abs. 1 angeführte Zeit richtet sich im Falle, daß bei einem bedingt Entlassenen davon ausgegangen wird, die Strafe sei mit dem Tage, an dem er bedingt entlassen wurde, vollstreckt worden, nach der Länge der tatsächlichen Strafvollstreckung; im Falle, daß die Strafe durch Entschließung des Präsidenten der Republik gemildert wurde, richtet sie sich nach der so gemilderten Strafe.

§ 70

1. Wenn die Verurteilung getilgt wurde, wird der Täter angesehen, als ob er nicht verurteilt worden wäre.

2. Wenn gegen den Täter mehrere Strafen nebeneinander verhängt wurden, kann die Verurteilung nicht getilgt werden, solange nicht die Tilgungszeit der Strafe, für deren Tilgung dieses Gesetz die längste Zeit vorsieht, verflossen ist.

3. Die Bestimmung des Abs. 2 wird entsprechend auch auf den Fall angewendet, in dem gegen einen Täter nebeneinander mehrere Strafen verhängt wurden, bezüglich derer nach diesem Gesetz die Wirkung eintreten kann, daß der Täter angesehen wird, als ob er nicht verurteilt worden wäre (§ 39 Abs. 3, § 45 Abs. 3, § 50 Abs. 2 und § 60 Abs. 4).

SECHSTES HAUPTSTÜCK

Schutzmaßnahmen

§ 71

Arten von Schutzmaßnahmen

Schutzmaßnahmen sind die Schutzheilung und die Beschlagnahme einer Sache und bei Jugendlichen auch die Schutzerziehung.

§ 72

Schutzheilung

1. Das Gericht verhängt Schutzheilung in dem in § 25 und § 32 Abs. 2 angeführten Falle oder wenn der Täter einer sonst strafbaren Tat wegen Unzurechnungsfähigkeit strafrechtlich nicht verantwortlich ist und sein Verbleiben in Freiheit gefährlich ist.

2. Das Gericht kann so auch dann handeln, wenn

a) der Täter die Straftat im Zustand verminderter Zurechnungsfähigkeit begangen hat und sein Verbleiben in Freiheit gefährlich ist, oder

b) der Täter, der sich übermäßigem Genuß alkoholischer Getränke hingibt, die Straftat in Trunkenheit oder einer ähnlichen Berauschung begangen hat.

3. Schutzheilung kann das Gericht auch neben einer Strafe oder bei Absehen von Bestrafung verhängen.

4. Schutzheilung wird in einer Heilanstalt vollstreckt.

5. Die Schutzheilung dauert so lange, als ihr Zweck es erfordert. Über die Entlassung aus der Schutzheilung entscheidet das Gericht.

6. Das Gericht sieht von der Vollstreckung der Schutzheilung ab, wenn vor ihrem Beginn die Umstände, wegen derer sie verhängt wurde, wegfallen.

§ 73

Beschlagnahme einer Sache

1. Wenn nicht die Strafe des Verfalls einer in § 55 Abs. 1 angeführten Sache verhängt wurde, kann das Gericht auf die Beschlagnahme einer solchen Sache erkennen,

a) wenn sie einem Täter gehört, der nicht verfolgt oder verurteilt werden kann,

b) wenn sie einem Täter gehört, von dessen Bestrafung das Gericht abgesehen hat, oder

c) wenn die Sicherheit von Menschen oder Vermögen, gegebenenfalls ein anderes ähnliches öffentliches Interesse es erfordert.

2. Eigentümer der beschlagnahmten Sache wird der Staat.

SIEBENTES HAUPTSTÜCK

Besondere Bestimmungen über die Verfolgung Jugendlicher

§ 74

Allgemeine Bestimmungen

1. Bei der Bestrafung einer Person, die zur Zeit der Begehung der Straftat das 15. Lebensjahr erreicht und das 18. Lebensjahr nicht überschritten hat (Jugendlicher), beachtet das Gericht die besondere Fürsorge, die die sozialistische Gesellschaft der Jugend widmet.

3. Soweit dieses Hauptstück keine besonderen Bestimmungen enthält, finden auf den Jugendlichen die übrigen Bestimmungen dieses Gesetzes Anwendung.

§ 75

Strafverantwortlichkeit

Eine Tat, deren Merkmale in diesem Gesetz aufgeführt sind, ist keine Straftat, wenn sie von einem Jugendlichen begangen wurde und der Grad ihrer Gefährlichkeit für die Gesellschaft gering ist.

§ 76

Strafzweck

Bei einem Jugendlichen besteht der Zweck der Strafe vor allem darin, ihn zu einem ordentlichen werktätigen Menschen zu erziehen, und zwar unter Berücksichtigung seiner persönlichen Eigenschaften, seiner Erziehung in der Familie und des Milieus, aus dem er herkommt.

§ 77

Absehen von der Bestrafung

1. Wenn das Gericht von der Bestrafung eines Jugendlichen abgesehen hat, kann es eine gesellschaftliche Organisation[6]) auch dann, wenn diese keine Bürgschaft für seine Besserung angeboten hat, ersuchen, bei der Schaffung von Bedingungen dafür, daß der Jugendliche ein ordentliches Leben als werktätiger Mensch lebt, zu helfen.

2. Das Gericht kann von der Bestrafung eines Jugendlichen auch dann absehen, wenn es erachtet, daß Schutzerziehung (§ 84), die es gleichzeitig verhängt, die Besserung des Jugendlichen besser als eine Strafe sicherstellt.

---

[6]) Hierzu zählen die Revolutionäre Gewerkschaftsbewegung, der Csl. Jugendverband, die Landwirtschaftlichen Einheitsgenossenschaften, die Csl. Gesellschaft vom Roten Kreuz, der Verband für die Zusammenarbeit mit der Armee, die Nationalausschüsse.

Verhängung der Strafe

§ 78

Gegen einen Jugendlichen kann das Gericht nur die Strafen der Freiheitsentziehung und des Verfalls einer Sache verhängen, und wenn der Jugendliche erwerbstätig ist, auch eine Besserungsmaßnahme oder eine Geldstrafe.

§ 79

1. Die in diesem Gesetze vorgesehenen Strafsätze der Freiheitsentziehung vermindern sich bei Jugendlichen auf die Hälfte, wobei aber die Obergrenze des Strafsatzes fünf Jahre und die Untergrenze ein Jahr nicht überschreiten darf.

2. Wenn der Jugendliche eine Straftat begangen hat, für die dieses Gesetz in seinem Besonderen Teile die Verhängung der Todesstrafe gestattet, und der Grad der Gefährlichkeit einer solchen Straftat für die Gesellschaft nicht im Hinblick auf die besonders verwerfliche Art der Durchführung der Tat oder auf einen besonders verwerflichen Beweggrund oder einen besonders schweren oder schwer wiedergutzumachenden Erfolg außerordentlich hoch ist, kann das Gericht gegen ihn eine Strafe der Freiheitsentziehung von fünf bis zehn Jahren verhängen, wenn es der Ansicht ist, daß eine Strafe von dem in Abs. 1 bezeichneten Ausmaß zur Erreichung des Strafzwecks nicht ausreichen würde.

3. Das Gericht kann gegen einen Jugendlichen eine Strafe der Freiheitsentziehung von fünf bis zehn Jahren auch dann verhängen, wenn er als Soldat bei Wehrbereitschaft des Staates oder während einer Kampfsituation eine Straftat begangen hat, für die dieses Gesetz in seinem Besonderen Teile die Verhängung der Todesstrafe gestattet, und wenn durch eine solche Straftat Kampfhandlungen verhindert oder wesentlich gefährdet wurden oder in erhöhtem Maße die Disziplin oder Ordnung in den bewaffneten Kräften oder in einem bewaffneten Korps bedroht wurde und wenn das Gericht der Ansicht ist, daß eine Strafe von dem in Abs. 1 bezeichneten Ausmaß zur Erreichung des Strafzwecks nicht ausreichen würde.

§ 80

Gesamtstrafe und nachträglich gebildete Gesamtstrafe

Wenn das Gericht eine Gesamtstrafe oder nachträglich gebildete Gesamtstrafe gegen einen Täter verhängt, der Straftaten teils vor, teils nach dem Erreichen des 18. Lebensjahres begangen hat, verfährt es nach den Bestimungen des § 35, gegebenenfalls § 37; dabei werden die Grenzen der Strafsätze bei den vor dem Erreichen des 18. Lebensjahres begangenen Straftaten nach den Bestimmungen des § 79 beurteilt.

§ 81

Vollziehung der Strafe der Freiheitsentziehung

1. Die Strafe der Freiheitsentziehung wird bei Jugendlichen in besonderen hierzu errichteten Anstalten vollstreckt.

2. Bei der Strafvollstreckung muß durch ordentliche pädagogische Führung die Erziehung des Jugendlichen und seine Vorbereitung auf seinen künftigen Beruf sichergestellt werden.

§ 82

Bedingte Verurteilung

1. Bei der bedingten Verurteilung eines Jugendlichen bestimmt das Gericht eine Probezeit von einem Jahr bis zu drei Jahren.

2. Wenn der Jugendliche, der bedingt verurteilt wurde, zu der Zeit, als er die Ursache zur Vollstreckung der Strafe gab, das 20. Lebensjahr nicht erreicht hat, kann das Gericht im Hinblick auf die Ausnahmeumstände des Falles die bedingte Verurteilung in Gültigkeit lassen. Dabei kann es die Probezeit angemessen verlängern, jedoch nicht um mehr als zwei Jahre.

§ 83

Bedingte Entlassung

1. Über die Frage, ob ein Jugendlicher bedingt entlassen wird, entscheidet das Gericht, nachdem ein Drittel der Strafe der Freiheitsentziehung vollzogen wurde.

2. Wenn das Gericht erklärt, daß der bedingt entlassene Jugendliche sich in der Probezeit bewährt hat, tilgt es gleichzeitig seine Verurteilung.

3. Die Bestimmung des § 62 findet auf einen Jugendlichen keine Anwendung.

Schutzerziehung

§ 84

1. Das Gericht kann Schutzerziehung verhängen, wenn von der Bestrafung eines Jugendlichen abgesehen wurde, und

a) für die Erziehung des Jugendlichen nicht genügend gesorgt ist,
b) die bisherige Erziehung des Jugendlichen vernachlässigt wurde, oder
c) das Milieu, in dem der Jugendliche lebt, es erfordert..

2. Gegen einen Soldaten kann Schutzerziehung nicht verhängt werden.

§ 85

1. Schutzerziehung wird in besonderen Erziehungseinrichtungen vollstreckt; wenn aber der Gesundheitszustand des Pfleglings es erfordert, kann sie in einer Heilanstalt vollstreckt werden.

2. Bei der Vollstreckung der Schutzerziehung muß durch ordentliche pädagogische Führung die Vorbereitung des Pfleglings auf seinen künftigen Beruf sichergestellt werden.

3. Die Schutzerziehung dauert so lange, als ihr Zweck es erfordert, jedoch längstens bis der Pflegling das 18. Lebensjahr erreicht hat; wenn das Interesse des Pfleglings es erfordert, kann das Gericht sie bis zur Erreichung des 19. Lebensjahres verlängern.

4. Das Gericht sieht von der Vollstreckung der Schutzerziehung ab, wenn vor ihrem Beginn die Umstände, wegen derer sie angeordnet wurde, wegfallen.

§ 86

Wenn eine Person, die das 12. Lebensjahr erreicht hat und jünger als 15 Jahre ist, eine Straftat begeht, für die dieses Gesetz in seinem Besonderen Teile die Verhängung der Todesstrafe gestattet, verhängt das Gericht in einem bürgerlich-rechtlichen Verfahren die Schutzerziehung; das Gericht kann dies auch dann tun, wenn es zur Sicherstellung der ordentlichen Erziehung einer Person unter 15 Jahren, die eine Tat begangen hat, die sonst eine Straftat wäre, notwendig ist.

§ 87

Tilgung der Verurteilung

1. Über die Frage, ob die Verurteilung eines Jugendlichen getilgt wird, entscheidet das Gericht nach der Vollstreckung der Strafe der Freiheitsentziehung unter Berücksichtigung dessen, wie sich der Jugendliche während der Strafvollstreckung verhalten hat. Wenn die Strafe nach einer Entschließung des Präsidenten der Republik gemildert wurde, verfährt das Gericht ebenso wie in dem Fall, in dem der Jugendliche nach Verbüßung der gemilderten Strafe in Freiheit gesetzt wurde.

2. Das Gericht kann die Verurteilung eines Jugendlichen, gegen den nur eine Geldstrafe verhängt wurde, schon nach dem Vollzug dieser Strafe tilgen. Wurde durch Urteil auf Verfall einer Sache als selbständige Strafe erkannt, kann das Gericht eine solche Verurteilung des Jugendlichen schon nach Rechtskraft des Urteils tilgen.

ACHTES HAUPTSTÜCK

Gemeinsame Bestimmungen

§ 88

Ein Umstand, der die Anwendung eines höheren Strafsatzes bedingt, wird nur dann berücksichtigt, wenn er wegen seiner Bedeutung den Grad der Gefährlichkeit der Straftat für die Gesellschaft wesentlich erhöht.

§ 89

1. Soweit in diesem Gesetz vom Gericht die Rede ist, versteht man darunter das Bezirks-(Sprengel-)gericht[7]), das Kreis-(Stadt-)gericht[7]) und das Oberste Gericht und auf dem Gebiete der Militärgerichtsbarkeit das Sprengelmilitärgericht und das Höhere Militärgericht.

2. Unter einer Straftat versteht man nur eine gerichtlich strafbare Tat, und soweit nicht aus einer Einzelbestimmung etwas anderes hervorgeht, auch die Vorbereitung einer Straftat, den Versuch einer Straftat, die Tätigkeit eines Organisators, Anstiftung und Beihilfe.

3. Unter Handlung versteht man auch die Unterlassung einer solchen Tätigkeit, zu der der Täter nach den Umständen und seinen Verhältnissen verpflichtet war.

4. Eine Straftat wird erwerbsmäßig begangen, wenn der Täter sich durch systematische strafbare Tätigkeit während einer längeren Zeit wenigstens teilweise eine Einnahmequelle verschafft.

5. Eine Straftat wird öffentlich begangen, wenn sie

a) durch den Inhalt einer Druckschrift oder vervielfältigten Schrift, durch Film, Rundfunk, Fernsehen oder auf eine andere ähnlich wirkende Art, oder

b) vor mehr als zwei gleichzeitig anwesenden Personen

begangen wird.

6. Eine Straftat wird mit einer Waffe begangen, wenn der Täter oder mit seinem Wissen einer der Mittäter sich einer Waffe zum Angriff, zur Überwindung oder Verhinderung von Widerstand bedient oder die Waffe zu diesem Zweck bei sich hat; unter Waffe versteht man, soweit aus einer Einzelbestimmung nichts anderes hervorgeht, alles, womit der Angriff gegen einen Körper intensiver gemacht werden kann.

7. Unter einem schweren Nachteil an der Gesundheit versteht man nur eine ernste Störung der Gesundheit oder eine ernste Erkrankung. Unter diesen Voraussetzungen ist ein schwerer Nachteil an der Gesundheit:

a) eine Verstümmelung,
b) der Verlust oder eine wesentliche Verminderung der Arbeitsfähigkeit,
c) die Lähmung eines Gliedes,
d) der Verlust oder eine wesentliche Schwächung der Funktionen eines Sinnesorgans,
e) die Beschädigung eines wichtigen Organs,
f) eine Entstellung,
g) die Bewirkung eines Abortus,
h) qualvolle Leiden oder
ch) eine längere Zeit dauernde Gesundheitsstörung.

---

[7]) In der Hauptstadt Prag bestehen mehrere Bezirksgerichte; sie führen die Bezeichnung „Sprengelgericht“. Das Prager Kreisgericht heißt Stadtgericht.

8. Unter nahestehender Person versteht man einen Verwandten in gerader Linie, eine annehmende oder angenommene Person, ein Geschwisternteil und den anderen Ehegatten; andere Personen in einem Familien- oder familienähnlichen Verhältnis werden nur dann als einander nahestehende Personen angesehen, wenn ein Nachteil, den eine dieser Personen erlitten hat, von der anderen mit Recht als ein eigener schwerer Nachteil empfunden werden würde.

9. Öffentlicher Funktionär ist ein gewählter Funktionär oder eine andere verantwortliche Arbeitskraft eines Nationalausschusses, Gerichts oder eines anderen staatlichen Organs, einer staatlichen, genossenschaftlichen oder gesellschaftlichen Organisation oder ein Angehöriger der bewaffneten Kräfte oder eines bewaffneten Korps, soweit sie an der Erfüllung der Aufgaben der Gesellschaft und des Staates teilnehmen und dabei von Zuständigkeiten Gebrauch machen, die ihnen im Rahmen ihrer Verantwortlichkeit zur Erfüllung dieser Aufgaben anvertraut wurden. Für die strafrechtliche Verantwortlichkeit und den Schutz eines öffentlichen Funktionärs wird nach den einzelnen Bestimmungen dieses Gesetzes gefordert, daß die Straftat in Zusammenhang mit seinem Wirkungskreis und seiner Verantwortlichkeit begangen wurde.

10. Unter Staatsgeheimnis versteht man alles, was in wichtigem Interesse der Republik, insondere in politischem, militärischem oder wirtschaftlichem Interesse, vor einer unberufenen Person geheim bleiben soll.

11. Unter Wirtschaftsgeheimnis versteht man alles, was für die wirtschaftliche Tätigkeit wichtig ist und im öffentlichen Interesse vor einer unberufenen Person geheim bleiben soll.

12. Unter Dienstgeheimnis versteht man eine wichtige Tatsache, die mit der Tätigkeit eines Nationalausschusses, eines Gerichts, der bewaffneten Kräfte oder eines bewaffneten Korps oder eines anderen staatlichen Organs, einer staatlichen, wirtschaftlichen, genossenschaftlichen oder gesellschaftlichen Organisation zusammenhängt und im öffentlichen Interesse vor einer unberufenen Person geheim bleiben soll.

13. Wo dieses Gesetz mit Ablauf einer bestimmten Zeit irgendeine Wirkung verbindet, wird der Tag, an dem das Ereignis eintrat, das ihren Beginn bestimmte, in die Zeit nicht eingerechnet.

§ 90

1. Wenn zur Begehung einer Straftat nach diesem Gesetz eine besondere Eigenschaft, Fähigkeit oder Stellung des Täters erforderlich ist, kann Täter oder Mittäter der Straftat nur eine Person sein, die die geforderte Eigenschaft, Fähigkeit oder Stellung hat. Täter oder Mittäter einer militärischen Straftat nach dem 12. Hauptstück des Besonderen Teils dieses Gesetzes kann nur ein Soldat sein.

2. Organisator, Anstifter oder Gehilfe einer im Abs. 1 genannten Straftat kann auch eine Person sein, die die dort geforderte Eigenschaft, Fähigkeit oder Stellung nicht hat.

3. Wo in diesem Gesetz von einem Soldaten die Rede ist, versteht man darunter

a) einen Soldaten im aktiven Dienst,

b) eine Person, die durch Einberufung zu einem besonderen Dienste Angehöriger der bewaffneten Kräfte geworden ist,

c) den Angehörigen eines militärisch organisierten oder anderen Korps, dessen Angehörige nach besonderen Gesetzen den Bestimmungen über militärische Straftaten unterliegen, wenn sie im aktiven Dienste stehen,

d) einen Soldaten oder Angehörigen eines unter Buchst. c) angeführten Korps außer aktiven Dienstes, wenn er in Dienstuniform ist, oder

e) einen Kriegsgefangenen.

4. Wo in diesem Gesetz von militärischem Dienst oder von militärischer Pflicht die Rede ist, versteht man darunter Dienst oder Pflicht der in Abs. 3 angeführten Personen.

Zweiter Teil

BESONDERER TEIL

ERSTES HAUPTSTÜCK

Straftaten gegen die Republik

Erster Abschnitt

Straftaten gegen die Grundlagen der Republik

§ 91

Vaterlandsverrat

Ein tschechoslowakischer Bürger, der in Verbindung mit einer ausländischen Macht oder mit einem ausländischen Funktionär die Straftaten der umstürzlerischen Tätigkeit gegen die Republik, des Terrors, der Schädigung oder der Sabotage begeht, wird mit Freiheitsentziehung von 12 bis 15 Jahren oder mit dem Tode bestraft.

§ 92

Umstürzlerische Tätigkeit gegen die Republik

1. Wer mit dem Vorsatz, die sozialistische gesellschaftliche und staatliche Ordnung, die Einheit des Staatsgebiets oder die Verteidigungsfähigkeit der Republik zu stürzen oder ihre Selbständigkeit zu vernichten,

a) an Gewaltaktionen oder Massenunruhen gegen die Republik, gegen ihre Organe oder gegen gesellschaftliche Organisationen der Werktätigen teilnimmt, oder
b) eine andere besonders gefährliche Tätigkeit gegen die Grundlagen der Republik oder gegen wichtige internationale Interessen der Republik ausübt,

wird mit Freiheitsentziehung von acht bis zwölf Jahren bestraft.

2. Mit Freiheitsentziehung von 12 bis 15 Jahren oder mit dem Tode wird der Täter bestraft, wenn er

a) eine im Abs. 1 angeführte Tat als Mitglied einer organisierten Gruppe begeht,
b) durch eine solche Tat einen schweren Nachteil an der Gesundheit mehrerer Personen oder den Tod herbeiführt,
c) durch eine solche Tat einen Schaden großen Ausmaßes oder eine andere besonders schwere Folge herbeiführt, oder
d) eine solche Tat zur Zeit der Wehrbereitschaft des Staates begeht.

Terror

§ 93

Wer mit dem Vorsatz, die sozialistische gesellschaftliche und staatliche Ordnung der Republik zu schädigen, einen anderen vorsätzlich tötet oder dies versucht, wird mit Freiheitsentziehung von 12 bis 15 Jahren oder mit dem Tode bestraft.

§ 94

1. Wer mit dem Vorsatz, einen anderen von der aktiven Teilnahme an der Erfüllung von Aufgaben der sozialistischen Gesellschaft abzuschrecken oder ihm eine solche Tätigkeit unmöglich zu machen, jemanden an der Gesundheit schädigt, ihm einen Schaden oder anderen schweren Nachteil zufügt oder dies versucht, wird mit Freiheitsentziehung von drei bis zehn Jahren bestraft.

2. Mit Freiheitsentziehung von sechs bis zwölf Jahren wird der Täter bestraft,

a) wenn er eine im Absatz 1 angeführte Tat als Mitglied einer organisierten Gruppe begeht,
b) durch eine solche Tat versucht, einen schweren Nachteil an der Gesundheit herbeizuführen,
c) durch eine solche Tat einen schweren Nachteil an der Gesundheit herbeiführt, oder
d) durch eine solche Tat einen beträchtlichen Schaden herbeiführt.

3. Mit Freiheitsentziehung von 10 bis 15 Jahren oder mit dem Tode wird der Täter bestraft,

a) wenn er durch eine im Absatz 1 angeführte Tat den Tod herbeiführt,
b) durch eine solche Tat das Leben mehrerer Personen gefährdet,

c) durch eine solche Tat einen Schaden von großem Ausmaß herbeiführt, oder
d) eine der in Absatz 2 angeführten Taten während der Wehrbereitschaft des Staates begeht.

Schädigung

§ 95

1. Wer mit dem Vorsatz, die sozialistische gesellschaftliche und staatliche Ordnung oder die Verteidigungsfähigkeit der Republik zu schädigen,

a) Menschen der Todesgefahr oder der Gefahr eines schweren Nachteils an der Gesundheit oder fremdes Vermögen der Gefahr eines Schadens von großem Ausmaß dadurch aussetzt, daß er einen Brand oder ein Hochwasser oder eine schädliche Wirkung von Explosivstoffen, Gas, Elektrizität oder anderer ähnlich gefährlicher Stoffe oder Kräfte herbeiführt oder eine andere, ähnlich gefährliche Handlung begeht (Gemeingefahr), oder
b) eine Gemeingefahr erhöht oder ihre Abwendung oder Minderung erschwert,

wird mit Freiheitsentziehung von fünf bis zwölf Jahren bestraft.

2. Mit Freiheitsentziehung von 12 bis 15 Jahren oder mit dem Tode wird der Täter bestraft,

a) wenn er eine im Absatz 1 angeführte Tat als Mitglied einer organisierten Gruppe begeht,
b) durch eine solche Tat einen schweren Nachteil an der Gesundheit mehrerer Personen oder den Tod herbeiführt,
c) durch eine solche Tat einen schweren Schaden großen Ausmaßes oder eine andere besonders schwere Folge herbeiführt, oder
d) eine solche Tat während der Wehrbereitschaft des Staates begeht.

§ 96

1. Wer mit dem im § 95 Abs. 1 angeführten Vorsatz eine fremde oder eigene Sache vernichtet, beschädigt oder unbrauchbar macht, wird mit Freiheitsentziehung von drei bis zehn Jahren bestraft.

2. Mit Freiheitsentziehung von 10 bis 15 Jahren oder mit dem Tode wird der Täter bestraft, wenn er eine im Absatz 1 angeführte Tat während der Wehrbereitschaft des Staates begeht.

§ 97

Sabotage

1. Wer mit dem Vorsatz, die sozialistische gesellschaftliche und staatliche Ordnung oder die Verteidigungsfähigkeit der Republik zu schädigen, seine Beschäftigung, seinen Beruf, seine Stellung oder seine Funktion mißbraucht oder eine andere Handlung begeht, um

a) die Erfüllung einer wichtigen Aufgabe eines staatlichen Organs, der bewaffneten Kräfte oder eines bewaffneten Korps, einer wirtschaftlichen oder gesellschaftlichen Organisation oder einer anderen Institution zu vereiteln oder zu erschweren, oder
b) in der Tätigkeit eines solchen Organs oder einer solchen Organisation oder Institution eine Störung oder einen anderen schweren Schaden herbeizuführen,

wird mit Freiheitsentziehung von drei bis zehn Jahren bestraft.

2. Mit Freiheitsentziehung von acht bis zwölf Jahren wird der Täter bestraft,

a) wenn er eine im Absatz 1 angeführte Tat als Mitglied einer organisierten Gruppe begeht oder
b) wenn er eine solche Tat während der Wehrbereitschaft des Staates begeht.

3. Mit Freiheitsentziehung von 10 bis 15 Jahren oder mit dem Tode wird der Täter bestraft,

a) wenn er durch eine im Absatz 1 angeführte Tat einen schweren Nachteil an der Gesundheit mehrerer Personen oder den Tod herbeiführt,
b) wenn er durch eine solche Tat einen schweren Schaden großen Ausmaßes oder eine andere besonders schwere Folge herbeiführt oder
c) wenn er eine solche Tat während der Wehrbereitschaft des Staates organisiert.

§ 98
Subversion

1. Wer aus Feindschaft gegenüber der sozialistischen gesellschaftlichen und staatlichen Ordnung der Republik eine subversive Tätigkeit gegen ihre gesellschaftliche und staatliche Ordnung, gegen die Einheit des Staatsgebiets, gegen ihre Verteidigungsfähigkeit oder Selbständigkeit oder gegen ihre internationalen Interessen vornimmt, wird mit Freiheitsentziehung von einem Jahre bis zu fünf Jahren bestraft.

2. Mit Freiheitsentziehung von drei bis zehn Jahren wird der Täter bestraft,

a) wenn er eine im Abs. 1 angeführte Tat in Verbindung mit einer ausländischen Macht oder einem ausländischen Funktionär begeht,
b) wenn er eine solche Tat von größerem Ausmaß begeht, oder
c) wenn er eine solche Tat während der Wehrbereitschaft des Staates begeht.

§ 99
Schädigung eines Staates des sozialistischen Weltsystems

Wer eine der in den §§ 92 bis 98 angeführten Straftaten, die gegen irgendeinen Staat des sozialistischen Weltsystems gerichtet ist, begeht, wird mit den in jenen Bestimmungen festgesetzten Strafen bestraft.

§ 100
Aufwiegelung

1. Wer aus Feindschaft gegen die sozialistische gesellschaftliche und staatliche Ordnung der Republik wenigstens zwei Personen
a) gegen die sozialistische gesellschaftliche und staatliche Ordnung der Republik,
b) gegen die Einheit des Staatsgebiets, die Verteidigungsfähigkeit oder Selbständigkeit der Republik oder
c) gegen die Bündnis- und Freundschafts-Beziehungen der Republik zu anderen Staaten

aufwiegelt, wird mit Freiheitsentziehung von sechs Monaten bis zu drei Jahren bestraft.

2. Ebenso wird bestraft, wer aus Feindschaft gegen die sozialistische gesellschaftliche und staatliche Ordnung der Republik die Verbreitung einer im Abs. 1 angeführten aufwiegelnden Äußerung ermöglicht oder erleichtert.

3. Mit Freiheitsentziehung von einem Jahr bis zu fünf Jahren wird der Täter bestraft,
a) wenn er eine im Abs. 1 angeführte Tat durch Druck, Film, Rundfunk, Fernsehen oder auf eine andere ähnlich wirkende Weise begeht oder
b) wenn er eine im Abs. 1 oder 2 angeführte Tat während der Wehrbereitschaft des Staates begeht.

§ 101
Mißbrauch einer religiösen Funktion

Wer aus Feindschaft gegen die sozialistische gesellschaftliche und staatliche Ordnung der Republik seine religiöse Funktion mißbraucht mit dem Vorsatz, auf Angelegenheiten von öffentlichem Interesse einen ungünstigen Einfluß zu nehmen, wird mit Freiheitsentziehung von sechs Monaten bis zu drei Jahren bestraft.

Schmähung der Republik und ihrer Repräsentanten

§ 102

Wer die Republik, die Nationalversammlung, den Slowakischen Nationalrat oder deren Präsidium oder Regierung öffentlich schmäht, wird mit Freiheitsentziehung bis zu zwei Jahren oder mit Besserungsmaßnahme bestraft.

§ 103

Wer die Würde des Präsidenten der Republik herabsetzt oder wer einen anderen Hauptrepräsentanten der Republik wegen der

Ausübung seiner Funktion oder überhaupt wegen seiner Tätigkeit im politischen Leben öffentlich schmäht,

wird mit Freiheitsentziehung bis zu zwei Jahren oder mit Besserungsmaßnahme bestraft.

§ 104

Schmähung eines Staates des sozialistischen Weltsystems oder dessen Repräsentanten

Wer einen Staat des sozialistischen Weltsystems oder dessen Hauptrepräsentanten öffentlich schmäht, wird mit Freiheitsentziehung bis zu zwei Jahren oder Besserungsmaßnahme bestraft.

Zweiter Abschnitt

Straftaten gegen die Sicherheit der Republik

§ 105

Spionage

1. Wer ein Staatsgeheimnis ausspäht mit dem Ziele, es einer ausländischen Macht zu verraten,

wer mit einem solchen Ziele Angaben, die ein Staatsgeheimnis enthalten, sammelt, oder

wer ein Staatsgeheimnis einer ausländischen Macht vorsätzlich verrät,

wird mit Freiheitsentziehung von 10 bis 15 Jahren bestraft.

2. Ebenso wird bestraft, wer dem Täter einer im Abs. 1 angeführten Tat oder einer Organisation, deren Ziel die Ausspähung von Staatsgeheimnissen ist, ihre Tätigkeit ermöglicht oder erleichtert.

3. Mit Freiheitsentziehung von 12 bis 15 Jahren oder mit dem Tode wird der Täter bestraft,

a) wenn er eine im Abs. 1 oder 2 angeführte Tat als Mitglied einer Organisation, deren Ziel die Ausspähung von Staatsgeheimnissen ist, begeht,
b) wenn er eine solche Tat erwerbsmäßig oder in bedeutendem Umfang begeht,
c) wenn eine solche Tat ein besonders wichtiges Staatsgeheimnis betrifft, oder
d) wenn er eine solche Tat während der Wehrbereitschaft des Staates begeht.

Gefährdung eines Staatsgeheimnisses

§ 106

1. Wer ein Staatsgeheimnis ausspäht mit dem Ziele, es einer unberufenen Person zu verraten,

wer mit einem solchen Ziele Angaben, die ein Staatsgeheimnis enthalten, sammelt, oder wer ein Staatsgeheimnis einer unberufenen Person vorsätzlich verrät,

wird mit Freiheitsentziehung von sechs Monaten bis zu drei Jahren bestraft.

2. Mit Freiheitsentziehung von einem Jahr bis zu fünf Jahren wird der Täter bestraft,

a) wenn die im Abs. 1 angeführte Tat ein besonders wichtiges Staatsgeheimnis betrifft,
b) wenn er eine solche Tat während der Wehrbereitschaft des Staates begeht, oder
c) wenn er einer unberufenen Person vorsätzlich ein Staatsgeheimnis verrät, dessen Geheimhaltung ihm besonders aufgetragen war.

§ 107

1. Wer fahrlässig bewirkt, daß ein Staatsgeheimnis einer unberufenen Person verraten wird, oder wer fahrlässig eine Urkunde oder eine ein Staatsgeheimnis enthaltende Sache verliert, obwohl

a) er nach seiner Beschäftigung, seinem Beruf, seiner Stellung oder seiner Funktion verpflichtet ist, es zu verwahren, oder
b) es sich um ein besonders wichtiges Staatsgeheimnis handelt,

wird mit Freiheitsentziehung bis zu zwei Jahren oder Besserungsmaßnahme oder Tätigkeitsverbot bestraft.

2. Wer fahrlässig bewirkt, daß ein Staatsgeheimnis im Ausland bekannt wurde, wird mit Freiheitsentziehung bis zu drei Jahren oder Besserungsmaßnahme oder Tätigkeitsverbot bestraft.

§ 108

Spionage und Gefährdung eines Staatsgeheimnisses zum Schaden eines Staates des sozialistischen Weltsystems

Wer die Straftat der Spionage (§ 105) oder der Gefährdung eines Staatsgeheimnisses (§§ 106, 107) zum Schaden eines Staates des sozialistischen Weltsystems begeht, wird mit den in jenen Bestimmungen angeführten Strafen bestraft.

§ 109

Verlassen der Republik

1. Wer ohne Erlaubnis das Gebiet der Republik verläßt, wird mit Freiheitsentziehung von sechs Monaten bis zu fünf Jahren oder Besserungsmaßnahme bestraft.

2. Ebenso wird ein tschechoslowakischer Bürger, der ohne Erlaubnis im Ausland bleibt, bestraft.

3. Wer eine im Abs. 1 oder 2 angeführte Tat organisiert, oder

wer eine Gruppe von Personen über die Grenze führt oder wiederholt Personen, die ohne Erlaubnis das Gebiet der Republik verlassen, hinüberführt,
wird mit Freiheitsentziehung von drei bis zehn Jahren bestraft.

§ 110

Eindringen in das Gebiet der Republik

Wer ohne tschechoslowakischer Bürger zu sein in das Gebiet der Republik eindringt, wird mit Freiheitsentziehung von sechs Monaten bis zu drei Jahren bestraft.

§ 111

Verletzung von Vorschriften über internationale Flüge[8])

Wer die Vorschriften über internationale Flüge verletzt, insbesondere dadurch, daß er mit einem Flugzeug in das Gebiet der Republik eindringt, wird mit Freiheitsentziehung von einem Jahr bis zu fünf Jahren oder mit Geldstrafe bestraft.

§ 112

Schädigung der Interessen der Republik im Ausland

Ein tschechoslowakischer Bürger oder ein staatenloser Bewohner der Republik, der die Interessen der Republik dadurch schädigt, daß er im Ausland eine unwahre Nachricht über die Verhältnisse in der Republik verbreitet oder ihre Verbreitung ermöglicht, wird mit Freiheitsentziehung bis zu drei Jahren bestraft.

Dritter Abschnitt

Straftaten gegen die Verteidigung des Vaterlandes

§ 113

Zusammenarbeit mit dem Feinde

Wer während der Wehrbereitschaft des Staates dem Feinde einen Vorteil verschafft oder ihn irgendwie unterstützt, wird, wenn es sich nicht um eine strenger strafbare Tat handelt, mit Freiheitsentziehung von einem Jahre bis zu zehn Jahren bestraft.

§ 114

Kriegsverrat

Ein tschechoslowakischer Bürger, der während der Wehrbereitschaft des Staates in einer feindlichen Armee oder in einem feind-

[8]) Vgl. § 17 Abs. 1 c Übertr.G. (Anhang S. 128).

lichen Korps Dienst leistet, wird mit Freiheitsentziehung von zehn bis 15 Jahren oder mit dem Tode bestraft.

§ 115

Dienst in einer ausländischen Armee

1. Ein tschechoslowakischer Bürger, der ohne Erlaubnis in der Armee einer ausländischen Macht oder in einem ausländischen bewaffneten Korps Dienst leistet, wird mit Freiheitsentziehung von drei bis acht Jahren bestraft

2. Mit Freiheitsentziehung von fünf bis zehn Jahren wird der Täter bestraft, wenn er eine im Abs. 1 angeführte Tat während der Wehrbereitschaft des Staates begeht.

ZWEITES HAUPTSTÜCK

Wirtschaftsstraftaten

Erster Abschnitt

Straftaten gegen das Wirtschaftssystem

§ 116

Handlungen, durch die eine Sache ihrer wirtschaftlichen Bestimmung entzogen wird

1. Wer die wirtschaftliche Ausnutzung eines Produktionsmittels von größerer Bedeutung, das er zu eigen oder in Besitz hat, verhindert, indem er es vernichtet, beschädigt, unbrauchbar macht, verschachert oder verheimlicht, wird mit Freiheitsentziehung bis zu zwei Jahren oder Verfall der Sache bestraft.

2. Ebenso wird bestraft, wer

a) auf die im Absatz 1 angeführte Art die wirtschaftliche Ausnutzung von Vorräten an Bedarfsgegenständen in größerem Ausmaß, die er zu eigen oder in Besitz hat, verhindert, oder

b) solche Vorräte anhäuft.

3. Mit Freiheitsentziehung von einem bis zu acht Jahren wird der Täter bestraft, wenn er die im Absatz 2 angeführte Tat während der Wehrbereitschaft des Staates begeht.

§ 117

Spekulation

1. Wer Bedarfsgegenstände in größerem Umfang oder Gegenstände von größerem Wert sich verschafft oder heimlich hortet mit dem Vorsatz, sie mit Gewinn zu verkaufen oder zu tauschen oder daraus einen anderen Vorteil zu ziehen, oder

wer eine solche Tätigkeit vermittelt,
wird mit Freiheitsentziehung von sechs Monaten bis zu drei Jahren bestraft.

2. Mit Freiheitsentziehung von drei bis zehn Jahren wird der Täter bestraft,

a) wenn er eine im Absatz 1 angeführte Tat als Mitglied einer organisierten Gruppe begeht,
b) wenn er eine solche Tat erwerbsmäßig begeht, oder
c) wenn er aus einer solchen Tat einen erheblichen Vorteil zieht.

3. Mit Freiheitsentziehung von fünf bis 15 Jahren wird der Täter bestraft,

a) wenn er durch eine im Absatz 1 angeführte Tat eine ernste Störung in der Versorgung herbeiführt, oder
b) wenn er eine solche Tat während der Wehrbereitschaft des Staates begeht.

§ 118
Unerlaubte Unternehmertätigkeit

1. Wer unberechtigt[9]) in größerem Ausmaß private Produktionstätigkeit oder andere erwerbsmäßige Unternehmertätigkeit betreibt, wird mit Freiheitsentziehung von sechs Monaten bis zu drei Jahren bestraft.

2. Mit Freiheitsentziehung von zwei bis sieben Jahren wird der Täter bestraft,

a) wenn er zu einer im Absatz 1 angeführten Tat einen anderen als Arbeitskraft benutzt, oder
b) aus einer solchen Tat einen erheblichen Vorteil zieht.

§ 119
Nichterfüllung von Aufgaben bei einem privaten Wirtschaftsbetrieb

Wer bei einem privaten Wirtschaftsbetrieb in größerem Ausmaß auch nur fahrlässig die Aufgaben, die sich aus dem Wirtschaftsplan ergeben, nicht erfüllt, wird mit Freiheitsentziehung bis zu einem Jahr oder mit Geldstrafe bestraft.

§ 120
Mißbrauch der sozialistischen Unternehmertätigkeit

1. Wer seine Beschäftigung oder ein anderes ähnliches Verhältnis in einer staatlichen, genossenschaftlichen oder anderen sozialistischen Organisation dadurch mißbraucht, daß er in größerem Ausmaß zu

---

[9]) Vgl. Art. 9 Verf.: „In den Grenzen des sozialistischen Wirtschaftssystems sind private Kleinbetriebe, die auf persönlicher Arbeit beruhen und die Ausbeutung fremder Arbeitskraft ausschließen, zulässig.“

deren Nachteil oder in deren Namen eine Produktionstätigkeit oder eine andere Erwerbstätigkeit zu seiner privaten Bereicherung betreibt, wird mit Freiheitsentziehung von sechs Monaten bis zu fünf Jahren oder mit Besserungsmaßnahme oder Tätigkeitsverbot oder Geldstrafe bestraft.

2. Mit Freiheitsentziehung von zwei bis acht Jahren wird der Täter bestraft,

a) wenn er aus einer im Absatz 1 angeführten Tat einen erheblichen Vorteil zieht,
b) wenn er durch eine solche Tat einen bedeutenden Schaden verursacht, oder
c) mit einer solchen Tat erheblich die Erfüllung der Aufgaben einer staatlichen, genossenschaftlichen oder anderen sozialistischen Organisation stört.

§ 121
Schädigung des Verbrauchers

1. Wer in einer staatlichen, genossenschaftlichen oder anderen sozialistischen Organisation arbeitet und sich oder einem anderen einen Vorteil größeren Ausmaßes dadurch verschafft, daß er die Verbraucher hinsichtlich Qualität, Menge oder Preis der Waren oder Dienste schädigt, wird mit Freiheitsentziehung von sechs Monaten bis zu drei Jahren oder mit Besserungsmaßnahme oder Tätigkeitsverbot oder Geldstrafe bestraft.

2. Mit Freiheitsentziehung von zwei bis acht Jahren wird der Täter bestraft,

a) wenn er eine im Absatz 1 angeführte Tat organisiert oder
b) aus einer solchen Tat einen bedeutenden Vorteil zieht.

§ 122
Gefährdung eines Wirtschaftsgeheimnisses

1. Wer ein Wirtschaftsgeheimnis ausspäht mit dem Vorsatz, es einer unberufenen Person zu verraten, oder

wer ein Wirtschaftsgeheimnis einer unberufenen Person vorsätzlich verrät,

wird mit Freiheitsentziehung bis zu einem Jahre oder Besserungsmaßnahme oder Tätigkeitsverbot bestraft.

2. Ebenso wird bestraft, wer fahrlässig bewirkt, daß ein Wirtschaftsgeheimnis im Ausland bekannt wird.

3. Wer ein Wirtschaftsgeheimnis ausspäht mit dem Vorsatz, es ins Ausland zu verraten, oder

wer ein Wirtschaftgeheimnis vorsätzlich ins Ausland verrät,

wird mit Freiheitsentziehung von sechs Monaten bis zu drei Jahren bestraft.

4. Mit Freiheitsentziehung von einem Jahre bis zu fünf Jahren wird der Täter bestraft, wenn er durch eine im Absatz 3 angeführte Tat erheblichen Schaden herbeiführt.

§ 123

Unberechtigtes Verfahren mit einer Erfindung

1. Wer eine in der Republik gemachte Erfindung ohne Zustimmung der tschechoslowakischen Behörden im Ausland anmeldet, wird mit Freiheitsentziehung bis zu zwei Jahren oder Besserungsmaßnahme oder Geldstrafe bestraft.

2. Ebenso wird ein tschechoslowakischer Bürger bestraft, der die Interessen der Republik dadurch schädigt, daß er ohne Zustimmung der tschechoslowakischen Behörden einem Ausländer die Zustimmung zur Ausnutzung einer Erfindung im Ausland erteilt.

§ 124

Verletzung von Vorschriften über den Warenumlauf im Verkehr mit dem Ausland

1. Wer in erheblichem Maße das öffentliche Interesse dadurch gefährdet, daß er ein Verbot oder eine Beschränkung der Einfuhr, Ausfuhr oder Durchfuhr von Waren[10]) verletzt, wird mit Freiheitsentziehung bis zu zwei Jahren oder Geldstrafe oder Verfall der Ware bestraft.

2. Mit Freiheitsentziehung von einem Jahre bis zu fünf Jahren wird der Täter bestraft,

a) wenn er eine im Absatz 1 angeführte Tat mindestens mit zwei anderen Personen begeht, oder

b) durch eine solche Tat einen erheblichen Schaden oder eine andere besonders schwere Folge herbeiführt.

Zweiter Abschnitt

Straftaten gegen die Wirtschaftsdisziplin

Störung der Durchführung, der Planung und der Kontrolle der Volkswirtschaft

§ 125

1. Ein verantwortlicher Mitarbeiter in der Wirtschaft, der mit dem Vorsatze, einer staatlichen, genossenschaftlichen oder anderen sozia-

---

[10]) Solche Verbote und Beschränkungen sind enthalten z. B.: in den Zollvorschriften Ges. 36/53 Sb. (Zollgesetz), K. 82/61 Sb., 147—151/54 U. l. (Zollordnungen), K. 168/54 U. l., K. 39/61 Sb.; auf dem Gebiete der Staatssicherheit: Ges. 40/61; Gesundheitswesen: RegVO 37/50 Sb., K. 72/60 Sb., Ges. 66/61. Sb.; Außenhandel: Dekret 113/45 Sb., Ges. 119/43 Sb., K. 1276 bis 1277/47 U. l.; Devisen: Ges. 107/53 Sb. i. d. F. d. Ges. 64/58 Sb., K. 191/58 U. l.; Denkmalschutz Ges. 22/58 Sb.; Waffen: K. 124/61 Sb.; Philatelie: K. 174/55 U. l.; Film: RegVO 184/49 Sb., K. 87/60 Sb.

listischen Organisation oder einer ihrer Unterorganisationen unberechtigte Vorteile zu sichern, in einer Aufstellung oder einer Meldung, die der Durchführung, der Planung oder der Kontrolle der Volkswirtschaft oder der Festsetzung von Preisen dient, über wichtige Tatsachen unwahre oder grob verzeichnete Angaben macht, wird mit Freiheitsentziehung bis zu zwei Jahren oder mit Besserungsmaßnahme oder Tätigkeitsverbot oder Geldstrafe bestraft.

2. Mit Freiheitsentziehung von sechs Monaten bis zu zwei Jahren oder Besserungsmaßnahme wird der Täter bestraft, wenn er durch eine im Absatz 1 angeführte Tat eine ernste Störung im Gange der Volkswirtschaft oder eine andere besonders wichtige Folge herbeiführt.

§ 126

Ein verantwortlicher Mitarbeiter, der auch nur fahrlässig in einer Aufstellung oder einer Meldung, die der Durchführung, der Planung oder der Kontrolle der Volkswirtschaft dient, über wichtige Tatsachen unwahre oder grob verzeichnete Angaben macht, wird, wenn es sich nicht um eine strenger strafbare Tat handelt, mit Freiheitsentziehung bis zu einem Jahr oder Besserungsmaßnahme oder Tätigkeitsverbot oder Geldstrafe bestraft.

§ 127

Pflichtverletzung beim Umgehen mit finanziellen und materiellen Mitteln[11])

1. Ein verantwortlicher Mitarbeiter in der Wirtschaft, der beim Wirtschaften mit finanziellen oder materiellen Mitteln einer staatlichen, genossenschaftlichen oder anderen sozialistischen Organisation in dem Vorsatz, einer solchen Organisation oder einer ihrer Unterorganisationen unberechtigte Vorteile zu sichern, in erheblichem Maße seine Pflichten verletzt, insbesondere dadurch, daß er in größerem Ausmaß finanzielle Fonds oder Reserven unberechtigt bildet oder angreift, oder mit materiellen Mitteln unberechtigt umgeht, wird mit Freiheitsentziehung bis zu zwei Jahren oder Besserungsmaßnahme oder Tätigkeitsverbot oder Geldstrafe bestraft.

2. Ein verantwortlicher Mitarbeiter in der Wirtschaft, der für eine zugunsten einer staatlichen, genossenschaftlichen oder anderen sozialistischen Organisation geleistete Arbeit aus deren finanziellen oder materiellen Mitteln einem anderen unberechtigte oder unangemessene Vorteile bietet mit dem Vorsatz, die Erfüllung der Aufgaben dieser Organisation sicherzustellen, wird, wenn es sich nicht insbesondere im Hinblick auf ein auffälliges Mißverhältnis zwischen diesen Vorteilen und dem Werte der geleisteten Arbeiten um eine strenger strafbare Tat handelt, mit Freiheitsentziehung bis zu zwei Jahren oder Besserungsmaßnahme oder Tätigkeitsverbot oder Geldstrafe bestraft.

---

[11]) Vgl. § 14 Buchst. a) Übertr.G., unten S. 128.

3. Mit Freiheitsentziehung von sechs Monaten bis zu fünf Jahren oder Besserungsmaßnahme wird der Täter bestraft, wenn er durch eine im Absatz 1 oder 2 angeführte Tat einen erheblichen Schaden an dem in sozialistischem Eigentum stehenden Vermögen oder eine andere besonders schwere Folge herbeiführt.

§ 128

Lieferung von Erzeugnissen und Arbeiten von besonders mangelhafter Qualität

1. Ein verantwortlicher Mitarbeiter in der Wirtschaft, der mit dem Vorsatz, einer staatlichen, genossenschaftlichen oder anderen sozialistischen Organisation oder deren Unterorganisationen unberechtigte Vorteile zu sichern, Anweisung gibt oder seine Zustimmung erteilt zur Lieferung

a) eines besonders mangelhaften Erzeugnisses oder einer besonders mangelhaften Arbeit, obwohl er weiß, daß der Abnehmer sie zur Erfüllung seiner Aufgaben nicht gebrauchen kann, oder

b) eines Erzeugnisses oder einer Arbeit und dabei wesentliche, ihm bekannte Fehler verschweigt,

wird mit Freiheitsentziehung bis zu zwei Jahren oder Besserungsmaßnahme oder Tätigkeitsverbot oder Geldstrafe bestraft.

2. Mit Freiheitsentziehung von sechs Monaten bis zu fünf Jahren oder Besserungsmaßnahme wird der Täter bestraft, wenn er durch eine im Absatz 1 angeführte Tat einen erheblichen Schaden an dem in sozialistischem Eigentum stehenden Vermögen oder eine andere besonders schwere Folge herbeiführt.

Pflichtverletzung im Betriebe einer sozialistischen Organisation

§ 129

1. Wer eine wichtige Pflicht, die sich aus seiner Beschäftigung, seinem Berufe, seiner Stellung oder seiner Funktion ergibt, insbesondere auch die technologische Disziplin, vorsätzlich verletzt oder nicht erfüllt und hierdurch eine Störung im wirtschaftlichen Betriebe oder in der wirtschaftlichen Tätigkeit einer staatlichen, genossenschaftlichen oder anderen sozialistischen Organisation oder einen größeren Schaden an Vermögen, das in sozialistischem Eigentum steht, herbeiführt, wird mit Freiheitsentziehung bis zu drei Jahren oder Besserungsmaßnahme oder Tätigkeitsverbot oder Geldstrafe bestraft.

2. Mit Freiheitsentziehung von einem bis zu sechs Jahren oder Besserungsmaßnahme wird der Täter bestraft, wenn er durch eine im Absatz 1 angeführte Tat eine ernste Störung im wirtschaftlichen Betriebe oder in der wirtschaftlichen Tätigkeit einer staatlichen, genossenschaftlichen oder anderen sozialistischen Organisation oder

einen schweren Schaden an Vermögen, das in sozialistischem Eigentum steht, herbeiführt.

§ 130

1. Wer eine wichtige Pflicht, die sich aus seiner Beschäftigung, seinem Berufe, seiner Stellung oder seiner Funktion ergibt, insbesondere auch die technologische Disziplin, fahrlässig verletzt oder nicht erfüllt und hierdurch eine Störung im wirtschaftlichen Betriebe oder in der wirtschaftlichen Tätigkeit einer staatlichen, genossenschaftlichen oder anderen sozialistischen Organisation oder einen größeren Schaden an Vermögen, das in sozialistischem Eigentum steht, herbeiführt, wird mit Freiheitsentziehung bis zu einem Jahr oder Besserungsmaßnahme oder Tätigkeitsverbot oder Geldstrafe bestraft.

2. Mit Freiheitsentziehung bis zu zwei Jahren oder Besserungsmaßnahme oder Tätigkeitsverbot oder Geldstrafe wird der Täter bestraft, wenn er durch eine im Absatz 1 angeführte Tat eine ernste Störung im wirtschaftlichen Betriebe oder in der wirtschaftlichen Tätigkeit einer staatlichen, genossenschaftlichen oder anderen sozialistischen Organisation oder einen schweren Schaden an Vermögen, das in sozialistischem Eigentum steht, herbeiführt.

§ 131

Gemeinsame Bestimmungen

Auf einen öffentlichen Funktionär, der bei der Ausübung seiner Befugnisse eine der in den §§ 125 bis 128 angeführten Straftaten oder die im § 129 angeführte Straftat begeht, sind, soweit er bei Begehung seiner Tat von dem in § 125 Abs. 1 angeführten Vorsatz geleitet wird, die Bestimmungen dieses Gesetzes über die Straftaten öffentlicher Funktionäre oder über die höhere Strafbarkeit der öffentlichen Funktionäre nicht anzuwenden.

Dritter Abschnitt

Straftaten gegen Vermögen in sozialistischem Eigentum[12])

§ 132

Entwendung von Vermögen in sozialistischem Eigentum

1. Wer Vermögen, das sich in sozialistischem Eigentum befindet, entwendet, in dem er

a) eine Sache aus solchem Vermögen sich dadurch aneignet, daß er sich ihrer bemächtigt,

[12]) Art. 35 Verf.: „Die Bürger sind verpflichtet, das sozialistische Eigentum als unantastbare Grundlage der sozialistischen Ordnung und als Quelle des Wohlstandes des werktätigen Volkes, des Reichtums und der Macht des Vaterlandes zu schützen und zu festigen.“

b) eine ihm anvertraute Sache aus solchem Vermögen sich aneignet, oder

c) zum Schaden eines solchen Vermögens sich oder einen anderen dadurch bereichert, daß er jemanden in Irrtum führt oder dessen Irrtum ausnutzt,

wird mit Freiheitsentziehung von sechs Monaten bis zu fünf Jahren oder Besserungsmaßnahme oder Tätigkeitsverbot oder Geldstrafe bestraft.

2. Mit Freiheitsentziehung von drei bis zehn Jahren wird der Täter bestraft,

a) wenn er eine im Absatz 1 angeführte Tat als Mitglied einer organisierten Gruppe begeht,

b) wenn er eine solche Tat erwerbsmäßig begeht,

c) wenn er durch eine solche Tat einen schweren Schaden oder eine andere besonders schwere Folge herbeiführt, oder

d) wenn er unmittelbar nach einer im Absatz 1 Buchst. a) angeführten Tat versucht, durch Gewalt oder durch Drohung mit Gewalt sich im Besitze der Sache zu erhalten.

3. Mit Freiheitsentziehung von acht bis 15 Jahren wird der Täter bestraft, wenn er durch eine im Absatz 1 angeführte Tat einen schweren Schaden herbeiführt und

a) zu einer solchen Tat seine Stellung als öffentlicher Funktionär mißbraucht, oder

b) eine solche Tat organisiert.

4. Ebenso wie im Absatz 3 wird der Täter bestraft, wenn er durch eine im Absatz 1 angeführte Tat einen Schaden großen Ausmaßes herbeiführt.

§ 133

Unberechtigter Gebrauch einer Sache aus Vermögen in sozialistischem Eigentum

1. Wer sich einer Sache von größerem Wert aus Vermögen, das sich in sozialistischem Eigentum befindet, bemächtigt mit dem Vorsatze, sie vorübergehend zu gebrauchen, oder

wer unberechtigt eine solche Sache, die ihm anvertraut wurde, vorübergehend gebraucht,

wird mit Freiheitsentziehung bis zu zwei Jahren oder Besserungsmaßnahme oder Geldstrafe bestraft.

2. Mit Freiheitsentziehung von sechs Monaten bis zu drei Jahren oder Besserungsmaßnahme wird der Täter bestraft, wenn er durch eine im Absatz 1 angeführte Tat einen schweren Schaden oder eine andere besonders schwere Folge herbeiführt.

§ 134

Teilnehmung zum Schaden an Vermögen in sozialistischem Eigentum

1. Wer

a) eine Sache, die durch eine von einer anderen Person begangenen Straftat erlangt wurde, trotz Wissens, daß es sich um eine Sache aus einem Vermögen, das in sozialistischem Eigentum steht, handelt, oder

b) den Erlös für eine solche Sache

verbirgt oder an sich bringt oder einem anderen übergibt, wird mit Freiheitsentziehung bis zu drei Jahren oder Besserungsmaßnahme oder Geldstrafe bestraft.

2. Mit Freiheitsentziehung von sechs Monaten bis zu fünf Jahren wird der Täter bestraft,

a) wenn er aus einer im Absatz 1 angeführten Tat einen erheblichen Vorteil zieht, oder

b) eine solche Tat erwerbsmäßig begeht.

3. Wer eine Sache von größerem Wert, die durch eine von einer anderen Person zum Schaden eines Vermögens, das in sozialistischem Eigentum steht, begangene Straftat erlangt wurde, aus Fahrlässigkeit verbirgt oder an sich bringt oder einem anderen übergibt, wird mit Freiheitsentziehung bis zu sechs Monaten oder Besserungsmaßnahme oder Geldstrafe bestraft.

§ 135

Verheimlichung einer Sache aus Vermögen in sozialistischem Eigentum

1. Wer eine Sache, die durch Fund, Irrtum oder sonstwie ohne Einwilligung der berechtigten Person in seine Macht gelangte, sich aneignet, obwohl er weiß, daß es sich um eine Sache aus Vermögen, das in sozialistischem Eigentum steht, handelt, wird mit Freiheitsentziehung bis zu drei Jahren oder Besserungsmaßnahme oder Geldstrafe bestraft.

2. Mit Freiheitsentziehung von sechs Monaten bis zu fünf Jahren wird der Täter bestraft, wenn er durch eine im Absatz 1 angeführte Tat sich einen erheblichen Vorteil verschafft.

Beschädigung von Vermögen in sozialistischem Eigentum

§ 136

1. Wer an Vermögen, das in sozialistischem Eigentum steht, vorsätzlich einen Schaden verursacht, insbesondere dadurch, daß er

a) eine Sache aus solchem Vermögen vernichtet, beschädigt oder unbrauchbar macht, oder

b) durch unlauteres Handeln die Geltendmachung, Beitreibung oder Befriedigung der Forderung gegen einen Schuldner, der nicht eine sozialistische Organisation ist, vereitelt,

wird mit Freiheitsentziehung bis zu drei Jahren oder Besserungsmaßnahme oder Tätigkeitsverbot oder Geldstrafe bestraft.

2. Mit Freiheitsentziehung von einem Jahre bis zu sechs Jahren wird der Täter bestraft,

a) wenn er durch eine im Absatz 1 angeführte Tat einen schweren Schaden oder eine andere besonders schwere Folge herbeiführt, oder

b) wenn er eine im Absatz 1 Buchst. a) angeführte Tat an einer Sache begeht, die einen Schutz nach besonderen Vorschriften genießt.

§ 137

1. Wer durch Verletzung einer wichtigen, ihm nach dem Gesetz auferlegten Pflicht oder durch ein Handeln, das für seine unverantwortliche Einstellung zu Vermögen, das in sozialistischem Eigentum steht, zeugt, fahrlässig an solchem Vermögen einen größeren Schaden verursacht, wird mit Freiheitsentziehung bis zu einem Jahre oder Besserungsmaßnahme oder Tätigkeitsverbot oder Geldstrafe bestraft.

2. Mit Freiheitsentziehung bis zu zwei Jahren oder Besserungsmaßnahme oder Tätigkeitsverbot wird der Täter bestraft, wenn er durch eine im Absatz 1 angeführte Tat einen schweren Schaden herbeiführt.

§ 138

Umtriebe gegen die soziale Sicherstellung und Krankenversicherung

Wer mit dem Vorsatz, unberechtigt Leistungen oder andere Vorteile, die sich aus der sozialen Sicherstellung (Versicherung, Versorgung) oder aus der Krankenversicherung (Fürsorge) ergeben, zu erlangen, Umtriebe vornimmt, indem er sich an der Gesundheit schädigt, eine Urkunde fälscht, unwahre Umstände vorbringt oder sich eines anderen Schlichs bedient, wird, wenn es sich nicht um eine strenger strafbare Tat handelt, mit Freiheitsentziehung bis zu drei Jahren oder Besserungsmaßnahme oder Geldstrafe bestraft.

§ 139

Gemeinsame Bestimmungen

Der Schutz nach den Bestimmungen dieses Abschnitts wird auch dem Vermögen, das aus staatlichen Mitteln dotiert ist, und den Sachen, die in Obhut einer sozialistischen Organisation oder eines staatlichen Organs sind, gewährt.

Vierter Abschnitt

Straftaten gegen die Währung und Steuerstraftaten

§ 140

Fälschung und Veränderung von Geld

1. Wer Geld fälscht oder verändert mit dem Vorsatz, es als echtes oder gültiges oder als Geld von höherem Wert auszugeben, oder
wer gefälschtes oder verändertes Geld als echtes ausgibt,
wird mit Freiheitsentziehung von fünf bis zehn Jahren bestraft.

2. Mit Freiheitsentziehung von zehn bis 15 Jahren wird der Täter bestraft,

a) wenn er eine im Absatz 1 angeführte Tat als Mitglied einer organisierten Gruppe begeht, oder
b) wenn er eine solche Tat in bedeutendem Umfange begeht.

§ 141

Inverkehrbringen gefälschten und veränderten Geldes

Wer gefälschtes oder verändertes Geld, mit dem ihm wie mit echtem bezahlt wurde, als echtes verausgabt, wird mit Freiheitsentziehung bis zu einem Jahre oder Besserungsmaßnahme oder Geldstrafe oder Verfall der Sache bestraft.

§ 142

Anfertigung und Haltung von Fälschergerät

1. Wer ein Werkzeug oder einen anderen Gegenstand, die zur Fälschung oder Veränderung von Geld geeignet sind, anfertigt, sich oder einem anderen verschafft oder heimlich verwahrt, wird mit Freiheitsentziehung bis zu zwei Jahren bestraft.

2. Mit Freiheitsentziehung von einem Jahr bis zu fünf Jahren wird der Täter bestraft, wenn er eine im Absatz 1 angeführte Tat in Ausübung seines Berufs begeht.

§ 143

Gemeinsame Bestimmungen

Der Schutz nach den §§ 140 bis 142 wird auch ausländischem Geld sowie inländischen und ausländischen massenweise ausgegebenen Wertpapieren, die auf Inhaber lauten oder durch Indossament übertragbar sind, und Schecken gewährt.

§ 144

Gefährdung des Umlaufs inländischen Geldes

1. Wer unberechtigt Ersatzmittel für inländisches Geld anfertigt oder ausgibt, oder

wer solche Ersatzmittel unberechtigt in Umlauf setzt, wird mit Freiheitsentziehung von sechs Monaten oder Besserungsmaßnahme oder Geldstrafe bestraft.

2. Ebenso wird bestraft, wer

a) ohne gesetzlichen Grund inländisches Geld ablehnt,

b) ohne wirtschaftlichen Bedarf inländisches Kleingeld hortet, oder

c) inländisches Geld beschädigt.

§ 145

Fälschung und Veränderung von Marken

1. Wer Post- oder Stempelmarken fälscht oder verändert mit dem Vorsatz, einem anderen Schaden zuzufügen oder sich oder einem anderen einen ungerechtfertigten Vorteil zu verschaffen, oder

wer solche Marken vorsätzlich in Umlauf setzt oder sie als echte verwendet,

wird mit Freiheitsentziehung bis zu einem Jahre oder Besserungsmaßnahme oder Geldstrafe oder Verfall der Sache bestraft.

2. Mit Freiheitsentziehung von sechs Monaten bis zu fünf Jahren wird der Täter bestraft,

a) wenn er eine im Absatz 1 angeführte Tat in bedeutendem Umfang begeht, oder

b) aus einer solchen Tat einen erheblichen Vorteil zieht.

Gefährdung der Devisenwirtschaft

§ 146

1. Wer der Devisenwirtschaft einen größeren Schaden dadurch zufügt, daß er gegen die Vorschriften über die Devisenwirtschaft[13]) handelt, wird mit Freiheitsentziehung von sechs Monaten bis zu drei Jahren oder Besserungsmaßnahme oder Geldstrafe oder Verfall der Sache bestraft.

2. Mit Freiheitsentziehung von einem Jahr bis zu sechs Jahren wird der Täter bestraft,

a) wenn er eine im Absatz 1 angefüührte Tat als Mitglied einer organisierten Gruppe begeht, oder

b) eine solche Tat begeht, weil er eine Pflicht verletzt hat, die sich aus seiner Beschäftigung, seinem Berufe, seiner Stellung oder seiner Funktion ergab.

§ 147

1. Wer beim Verkauf von ausländischem Geld oder von Zahlungsurkunden, die auf eine fremde Währung lauten, unrichtige Angaben

[13]) Vgl. insb. Ges. 107/53 Sb. i. d. F. des Ges. 64/58 Sb.; K. 191/58 U. l.

macht und dadurch für sich oder einen anderen unberechtigt einen Vorteil erlangt, wird mit Freiheitsentziehung bis zu zwei Jahren oder Besserungsmaßnahme oder Geldstrafe oder Verfall der Sache bestraft.

2. Ebenso wird bestraft, wer mit dem Vorsatz, der Devisenwirtschaft einen größeren Schaden zuzufügen, auf Grund unwahrer oder unvollständiger Angaben für sich oder einen anderen eine Genehmigung oder eine nach den Devisenvorschriften erforderliche Urkunde erlangt.

§ 148

Steuerhinterziehung

1. Wer in größerem Umfang eine Steuer, eine Gebühr oder eine andere, ihnen ähnliche Abgabe hinterzieht, wird mit Freiheitsentziehung bis zu drei Jahren oder Besserungsmaßnahme oder Geldstrafe bestraft.

2. Mit Freiheitsentziehung von einem Jahre bis zu fünf Jahren wird der Täter bestraft,

a) wenn er eine im Absatz 1 angeführte Tat mit wenigstens zwei Personen begeht,

b) zur Erleichterung einer solchen Tat einen amtlichen Verschluß verletzt, oder

c) durch eine solche Tat einen bedeutenden Schaden herbeiführt.

Fünfter Abschnitt

Straftaten gegen die Vorschriften über unlauteren Wettbewerb, Schutzmarken, geschützte Muster und Erfindungen und gegen das Urheberrecht

§ 149

Unlauterer Wettbewerb[14])

Wer durch eine Handlung, die in Widerspruch mit den Vorschriften zur Regelung des Wettbewerbs im wirtschaftlichen Verkehr oder mit den Gepflogenheiten des Wettbewerbs steht, den wirtschaftlichen Gang oder die Entwicklung eines Unternehmens eines Mitbewerbers ernstlich gefährdet, wird mit Freiheitsentziehung bis zu einem Jahre oder Besserungsmaßnahme oder Geldstrafe bestraft.

[14]) Vgl. § 352 Csl. Bürgerl. Gesetzbuch Ges. 141/50 Sb. (unlauterer Wettbewerb); Ges. 8/52 Sb. i. d. F. der RegVO 48/53 Sb.; DVO 15/52 Sb. i. d. F. der RegVO 48/53 Sb. (Marken- und Musterschutz); Ges. 34/57 Sb., DVO 43—45/57 (Erfindungen, Entdeckungen und Verbesserungsvorschläge); Ges. 7/52 Sb. betr. Übergangsmaßnahmen auf dem Gebiete der Patente; Ges. 115/53 Sb. (Urheberrecht).

§ 150

Verletzung von Marken- und Musterschutzrechten[14])

1. Wer Erzeugnisse, die mit einer Schutzmarke, an der das Ausschlußrecht einem anderen zusteht, oder mit einer leicht mit ihr verwechselbaren Marke unberechtigterweise versehen sind, in Umlauf setzt, wird mit Freiheitsentziehung bis zu sechs Monaten oder Besserungsmaßnahme oder Geldstrafe oder Verfall der Sache bestraft.

2. Ebenso wird bestraft, wer Erzeugnisse nach einem geschützten Muster, in bezug auf dessen Gebrauch einem anderen das Ausschlußrecht zusteht, oder nach einem leicht mit ihm verwechselbaren Muster in Umlauf setzt oder zwecks Erlangung eines wirtschaftlichen Vorteils anfertigt.

§ 151

Verletzung der Erfinderrechte[14])

Wer durch ein Handeln, zu dem er nicht berechtigt ist, in geschützte Erfinderrechte eingreift, wird mit Freiheitsentziehung bis zu sechs Monaten oder Besserungsmaßnahme oder Geldstrafe bestraft.

§ 152

Verletzung des Urheberrechts[14])

Wer mit einem Werk, das Gegenstand des Urheberrechts ist, unberechtigt in einer Weise verfährt, die dem Urheber zusteht, wird mit Freiheitsentziehung bis zu sechs Monaten oder Besserungsmaßnahme oder Geldstrafe oder Verfall der Sache bestraft.

DRITTES HAUPTSTÜCK

Straftaten gegen die Ordnung in öffentlichen Angelegenheiten

Erster Abschnitt

Straftaten gegen die Ausübung der Befugnisse eines staatlichen Organs und des Organs einer gesellschaftlichen Organisation und eines öffentlichen Funktionärs

Angriff auf ein staatliches Organ und das Organ einer gesellschaftlichen Organisation

§ 153

1. Wer Gewalt anwendet mit dem Vorsatz, auf die Ausübung der Befugnisse eines Nationalausschusses, Gerichts oder anderen staatlichen Organs oder des Organs einer gesellschaftlichen Organisation

einzuwirken, wird mit Freiheitsentziehung von sechs Monaten bis zu fünf Jahren bestraft.

2. Mit Freiheitsentziehung von drei bis zehn Jahren wird der Täter bestraft,

a) wenn er durch eine im Absatz 1 angeführte Tat einen schweren Nachteil an der Gesundheit herbeiführt, oder

b) durch eine solche Tat einen Schaden größeren Ausmaßes oder eine andere besonders schwere Folge herbeiführt.

3. Mit Freiheitsentziehung von zehn bis 15 Jahren wird der Täter bestraft, wenn er durch eine im Absatz 1 angeführte Tat den Tod herbeiführt.

§ 154

1. Wer einem anderen mit Tötung, Gesundheitsverletzung oder Zufügung eines Schadens von großem Ausmaß droht

a) in dem Vorsatz, auf die Ausübung der Befugnisse eines staatlichen Organs oder des Organs einer gesellschaftlichen Organisation einzuwirken, oder

b) wegen der Ausübung der Befugnisse eines staatlichen Organs oder des Organs einer gesellschaftlichen Organisation,

wird mit Freiheitsentziehung bis zu zwei Jahren oder Besserungsmaßnahme bestraft.

2. Wer ein staatliches Organ oder das Organ einer gesellschaftlichen Organisation bei der Ausübung seiner Befungnisse grob beleidigt oder verleumdet, wird mit Freiheitsentziehung bis zu einem Jahre oder Besserungsmaßnahme oder Geldstrafe bestraft.

Angriff auf einen öffentlichen Funktionär

§ 155

1. Wer

a) mit dem Vorsatz, auf die Ausübung der Befugnisse eines öffentlichen Funktionärs einzuwirken, oder

b) wegen der Ausübung der Befugnisse eines öffentlichen Funktionärs

Gewalt anwendet, wird mit Freiheitsentziehung bis zu drei Jahren oder Besserungsmaßnahme bestraft.

2. Mit Freiheitsentziehung von einem Jahre bis zu fünf Jahren wird der Täter bestraft,

a) wenn er eine im Absatz 1 angeführte Tat mit einer Waffe begeht,

b) durch eine solche Tat einen anderen an der Gesundheit verletzt, oder

c) durch eine solche Tat einen größeren Schaden verursacht.

3. Mit Freiheitsentziehung von drei bis zehn Jahren wird der Täter bestraft, wenn er durch eine im Absatz 1 angeführte Tat einen schweren Nachteil an der Gesundheit herbeiführt.

4. Mit Freiheitsentziehung von acht bis 15 Jahren wird der Täter bestraft, wenn er durch eine im Absatz 1 angeführte Tat den Tod herbeiführt.

§ 156

1. Wer einen anderen

a) in dem Vorsatze, auf die Ausübung der Befugnisse eines öffentlichen Funktionärs einzuwirken, oder

b) wegen der Ausübung der Befugnisse eines öffentlichen Funktionärs

mit Tötung, Gesundheitsverletzung oder Zufügung von Schaden großen Ausmaßes bedroht, wird mit Freiheitsentziehung bis zu zwei Jahren oder Besserungsmaßnahme bestraft.

2. Wer einen öffentlichen Funktionär bei der Ausübung seiner Befugnisse oder wegen dieser Ausübung grob beleidigt oder verleumdet, wird mit Freiheitsentziehung bis zu einem Jahre oder Besserungsmaßnahme oder Geldstrafe bestraft.

§ 157

Gemeinsame Bestimmung

Der Schutz nach den §§ 155 bis 156 wird auch einer Person gewährt, die zur Unterstützung oder zum Schutze eines öffentlichen Funktionärs aufgetreten ist.

Zweiter Abschnitt

Straftaten öffentlicher Funktionäre

§ 158

Mißbrauch der Befugnisse eines öffentlichen Funktionärs

1. Ein öffentlicher Funktionär, der mit dem Vorsatz, einem anderen Schaden zuzufügen oder sich oder einem anderen einen unberechtigten Vorteil zu verschaffen,

a) seine Befugnisse auf gesetzwidrige Weise ausübt,

b) seine Befugnisse überschreitet, oder

c) eine aus seinen Befugnissen sich ergebende Pflicht nicht erfüllt,

wird mit Freiheitsentziehung von sechs Monaten bis zu drei Jahren oder Besserungsmaßnahme oder Tätigkeitsverbot bestraft.

2. Mit Freiheitsentziehung von drei bis zehn Jahren wird der Täter bestraft,

a) wenn er durch eine im Absatz 1 angeführte Tat sich oder einem anderen einen erheblichen Vorteil verschafft,
b) durch eine solche Tat eine ernste Störung in der Tätigkeit einer sozialistischen Organisation herbeiführt, oder
c) durch eine solche Tat einen bedeutenden Schaden oder eine andere besonders schwere Folge herbeiführt.

3. Mit Freiheitsentziehung von fünf bis 15 Jahren oder mit dem Tode wird der Täter bestraft, wenn er eine im Absatz 1 angeführte Tat als Soldat während der Wehrbereitschaft des Staates oder während einer Kampfsituation begeht.

§ 159

Fahrlässige Vereitelung einer Aufgabe eines öffentlichen Funktionärs

1. Ein öffentlicher Funktionär, der bei der Ausübung seiner Befugnisse aus Fahrlässigkeit die Erfüllung einer wichtigen Aufgabe vereitelt oder wesentlich erschwert, wird mit Freiheitsentziehung bis zu einem Jahre oder Besserungsmaßnahme oder Tätigkeitsverbot bestraft.

2. Mit Freiheitsentziehung bis zu drei Jahren oder Besserungsmaßnahme oder Tätigkeitsverbot wird der Täter bestraft,
a) wenn er durch eine im Absatz 1 angeführte Tat eine ernste Störung in der Tätigkeit einer sozialistischen Organisation herbeiführt oder
b) wenn er durch eine solche Tat einen bedeutenden Schaden oder eine andere besonders schwere Folge herbeiführt.

3. Mit Freiheitsentziehung von drei bis zehn Jahren wird der Täter bestraft, wenn er eine im Absatz 1 angeführte Tat als Soldat während der Wehrbereitschaft des Staates oder während einer Kampfsituation begeht.

Dritter Abschnitt

Bestechung

§ 160

Passive Bestechung

1. Wer in Zusammenhang mit der Besorgung von Angelegenheiten öffentlichen Interesses einen Vorteil annimmt oder sich versprechen läßt, wird mit Freiheitsentziehung bis zu zwei Jahren oder Besserungsmaßnahme oder Tätigkeitsverbot bestraft.

2. Wer unter den im Absatz 1 angeführten Umständen einen Vorteil fordert, wird mit Freiheitsentziehung von sechs Monaten bis zu drei Jahren bestraft.

3. Mit Freiheitsentziehung von einem Jahre bis zu fünf Jahren wird der Täter bestraft, wenn er eine im Absatz 1 oder 2 angeführte Tat als öffentlicher Funktionär begeht.

§ 161

Aktive Bestechung

1. Wer einem anderen in Zusammenhang mit der Besorgung von Angelegenheiten öffentlichen Interesses einen Vorteil gewährt, anbietet oder verspricht, wird mit Freiheitsentziehung bis zu einem Jahre oder Besserungsmaßnahme oder Geldstrafe bestraft.

2. Mit Freiheitsentziehung bis zu drei Jahren oder Besserungsmaßnahme oder Geldstrafe wird der Täter bestraft, wenn er eine im Absatz 1 angeführte Tat gegenüber einem öffentlichen Funktionär begeht.

§ 162

Mittelbare Bestechung

1. Wer einen Vorteil dafür fordert oder annimmt, daß er seinen Einfluß auf die Ausübung der Befugnisse eines öffentlichen Funktionärs geltend machen werde oder schon geltend gemacht hat, wird mit Freiheitsentziehung bis zu zwei Jahren bestraft.

2. Wer aus einem im Absatz 1 angeführten Grunde einem anderen einen Vorteil gewährt, anbietet oder verspricht, wird mit Freiheitsentziehung bis zu einem Jahre oder Besserungsmaßnahme bestraft.

§ 163

Besondere Bestimmungen über tätige Reue

Nicht strafbar wegen aktiver Bestechung (§ 161) und mittelbarer Bestechung (§ 162) ist, wer einen Vorteil nur deshalb gewährt oder versprochen hat, weil er darum ersucht worden war, und hierüber freiwillig unverzüglich beim Prokurator oder einem Sicherheitsorgan Anzeige erstattet hat.

Vierter Abschnitt

Einige Formen strafbarer Mitwirkung

§ 164

Aufreizung

Wer öffentlich zu einer Straftat oder zu massenweiser Nichterfüllung einer gesetzlich auferlegten Verpflichtung aufreizt, wird mit Freiheitsentziehung bis zu zwei Jahren oder Besserungsmaßnahme bestraft.

§ 165

Gutheißen einer Straftat

1. Wer öffentlich eine Straftat gutheißt oder wer öffentlich einen Täter wegen seiner Straftat lobt, wird mit Freiheitsentziehung bis zu einem Jahre oder Besserungsmaßnahme bestraft.

2. Ebenso wird bestraft, wer in der Absicht, seine Zustimmung zu einer Straftat zum Ausdruck zu bringen,

a) den Täter oder eine ihm nahe Person belohnt oder für eine Strafe entschädigt, oder

b) für eine solche Belohnung Sammlungen veranstaltet.

§ 166

Begünstigung

1. Wer dem Täter einer Straftat Beistand leistet in der Absicht, ihm zu ermöglichen, der Strafverfolgung, der Strafe oder Schutzmaßnahme oder deren Vollstreckung zu entgehen, wird mit Freiheitsentziehung bis zu drei Jahren bestraft; wenn er aber auf diese Weise dem Täter einer Straftat, für die dieses Gesetz eine mildere Strafe vorsieht, Beihilfe leistet, wird er mit jener milderen Strafe bestraft.

2. Wer eine im Absatz 1 angeführte Tat zugunsten einer ihm nahestehenden Person begeht, ist nicht strafbar, es sei denn, er habe mit dem Vorsatze gehandelt,

a) einer Person Beihilfe zu leisten, die Vaterlandsverrat (§ 91), umstürzlerische Tätigkeit gegen die Republik (§ 92), Terror (§§ 93 und 94), Schädigung (§§ 95 und 96), Sabotage (§ 97), Spionage (§ 105) oder eine entsprechende Straftat gegen einen Staat des sozialistischen Weltsystems oder die Straftat des Genocidiums (§ 259) begangen hat, oder

b) sich oder einem anderen einen Vermögensvorteil zu verschaffen.

§ 167

Nichtverhinderung einer Straftat

1. Wer auf glaubwürdige Art erfährt, daß ein anderer eine der folgenden Straftaten vorbereitet oder begeht: Vaterlandsverrat (§ 91), umstürzlerische Tätigkeit gegen die Republik (§ 92), Terror (§§ 93 und 94), Schädigung (§§ 95 und 96), Sabotage (§ 97), Subversion (§ 98), Spionage (§ 105), Gefährdung eines Staatsgeheimnisses gemäß § 106 oder eine entsprechende Straftat gegen einen Staat des sozialistischen Weltsystems, ferner Kriegsverrat (§ 114), Entwendung von Vermögen in sozialistischem Eigentum gemäß § 132 Abs. 3 und 4, Fälschung und Veränderung von Geld (§ 140), Mißbrauch der Befugnisse eines öffentlichen Funktionärs gemäß § 158 Abs. 3, Gemeingefährdung gemäß § 179, Mord (§ 219), Raub (§ 234), Notzucht §(241), geschlecht-

lichen Mißbrauch gemäß § 242, Genocidiums (§ 259), Verwendung eines verbotenen Kampfmittels (§ 262), Grausamkeit im Kriege (§ 263), Plünderung im Raum von Kriegsoperationen (§ 264), Nichtbefolgung eines Befehls gemäß § 273 Abs. 2 Buchst. a), Widersetzung und Nötigung zur Verletzung einer militärischen Pflicht gemäß § 275 Abs. 2 Buchst. a), Fahnenflucht (§ 282), Fahnenflucht ins Ausland (§ 283) oder Gefährdung des politischen oder moralischen Zustands einer Einheit gemäß § 288 Abs. 2, und Nichtverhinderung der Begehung oder Vollendung einer solchen Straftat,

wird mit Freiheitsentziehung bis zu drei Jahren bestraft; wenn dieses Gesetz für eine dieser Straftaten eine mildere Strafe vorsieht, wird er mit dieser milderen Strafe bestraft.

2. Wer eine im Absatz 1 angeführte Tat begeht, ist nicht strafbar, wenn er die Straftat ohne erhebliche Schwierigkeiten oder ohne sich oder eine ihm nahestehende Person der Gefahr des Todes, einer Gesundheitsschädigung, eines anderen ernsten Nachteils oder der Strafverfolgung auszusetzen, nicht hätte verhindern können. Wenn er eine ihm nahestehende Person der Gefahr der Strafverfolgung aussetzt, wird er aber nicht straffrei, wenn die Nichtverhinderung folgende Straftaten betrifft: Vaterlandsverrat (§ 91), umstürzlerische Tätigkeit gegen die Republik (§ 92), Terror (§§ 93 und 94), Schädigung (§§ 95 und 96), Sabotage (§ 97), Spionage (§ 105), Gefährdung eines Staatsgeheimnisses gemäß § 106 oder eine entsprechende Straftat gegen einen Staat des sozialitstischen Weltsystems oder Genozidium (§ 259).

3. Die Verhinderung der Straftat kann auch durch deren rechtzeitige Anzeige an den Prokurator oder an ein Sicherheitsorgan erfolgen; ein Soldat kann stattdessen die Anzeige auch an einen Kommandeur oder Vorgesetzten erstatten.

§ 168

Nichtanzeige einer Straftat

1. Wer auf glaubwürdige Weise erfährt, daß ein anderer Vaterlandsverrat (§ 91), umstürzlerische Tätigkeit gegen die Republik (§ 92), Terror (§§ 93 und 94), Schädigung (§§ 95 und 96), Sabotage (§ 97), Spionage (§ 105), Gefährdung eines Staatsgeheimnisses (§ 106 und 107) oder eine entsprechende Straftat gegen einen Staat des sozialistischen Weltsystems, ferner Fälschung und Veränderung von Geld (§ 140), Gemeingefährdung nach § 179, Mord (§ 219), Genozidium (§ 259) oder Verwendung eines verbotenen Kampfmittels (§ 262) begangen hat, und eine solche Straftat nicht unverzüglich dem Prokurator oder einem Sicherheitsorgan, oder an deren Stelle, wenn es sich um einen Soldaten handelt, dem Kommandeur oder einem Vorgesetzten anzeigt, wird mit Freiheitsentziehung bis zu drei Jahren bestraft; wenn das Gesetz für eine dieser Straftaten eine mildere Strafe vorsieht, wird er mit der milderen Strafe bestraft.

2. Wer eine im Absatz 1 angeführte Tat begeht, ist nicht strafbar, wenn er die Anzeige nicht erstatten konnte, ohne sich oder eine ihm nahestehende Person der Gefahr des Todes, einer Gesundheitsschädigung oder eines anderen ernsten Nachteils oder der Strafverfolgung auszusetzen. Wenn er eine ihm nahestehende Person der Gefahr der Strafverfolgung aussetzt, wird er aber nicht straffrei, wenn die Nichtanzeige folgende Straftaten betrifft: Vaterlandsverrat (§ 91), umstürzlerische Tätigkeit gegen die Republik (§ 92), Terror (§§ 93 und 94), Schädigung (§§ 95 und 96), Sabotage (§ 97), Spionage (§ 105), Gefährdung eines Staatsgeheimnisses (§§ 106 und 107) oder eine entsprechende Straftat gegen einen Staat des sozialistischen Weltsystems oder Genozidium (§ 259).

Fünfter Abschnitt

Andere Störungen der Tätigkeit eines Staatsorgans oder des Organs einer gesellschaftlichen Organisation

Vereitelung und Gefährdung der Tätigkeit eines Staatsorgans oder des Organs einer gesellschaftlichen Organisation

§ 169

1. Wer eine wichtige Pflicht, die auf seiner Beschäftigung, seinem Beruf, seiner Stellung oder seiner Funktion beruht, verletzt oder nicht erfüllt mit dem Vorsatz, die Erfüllung einer wichtigen Aufgabe eines Nationalausschusses, Gerichts oder eines anderen Staatsorgans oder des Organs einer gesellschaftlichen Organisation zu vereiteln oder wesentlich zu erschweren, wird mit Freiheitsentziehung bis zu zwei Jahren oder Besserungsmaßnahme oder Tätigkeitsverbot bestraft.

2. Mit Freiheitsentziehung von 6 Monaten bis zu fünf Jahren wird der Täter bestraft, wenn er durch eine im Absatz 1 angeführte Tat eine ernste Störung in der Tätigkeit eines Nationalausschusses, Gerichts oder eines anderen Staatsorgans oder des Organs einer gesellschaftlichen Organisation oder eine andere besonders schwere Folge herbeiführt.

3. Mit Freiheitsentziehung von drei bis zehn Jahren wird der Täter bestraft, wenn er eine im Absatz 1 angeführte Tat als Soldat zur Zeit der Wehrbereitschaft des Staates oder während einer Kampfsituation begeht.

§ 170

1. Wer fahrlässig eine wichtige Pflicht, die auf seiner Beschäftigung, seinem Beruf, seiner Stellung oder seiner Funktion beruht, verletzt oder nicht erfüllt und dadurch eine ernste Störung in der Tätigkeit

eines Nationalausschusses, Gerichts oder anderen staatlichen Organs oder Organs einer gesellschaftlichen Organisation oder eine andere besonders wichtige Folge herbeiführt, wird mit Freiheitsentziehung bis zu einem Jahre oder Besserungsmaßnahme oder Tätigkeitsverbot bestraft.

2. Mit Freiheitsentziehung von einem bis zu fünf Jahren wird der Täter bestraft, wenn er eine im Absatz 1 angeführte Tat als Soldat zur Zeit der Wehrbereitschaft des Staates oder während einer Kampfsituation begeht.

§ 171

Vereitelung der Vollstreckung einer behördlichen Entscheidung

Wer die Vollstreckung der Entscheidung eines Nationalausschusses, Gerichts oder anderen staatlichen Organs oder Organs einer gesellschaftlichen Organisation dadurch vereitelt oder erschwert, daß er

a) eine Sache, die sich auf die Entscheidung bezieht, vernichtet, beschädigt, unbrauchbar macht, verheimlicht, veräußert oder beiseiteschafft,

b) einer Wache, aus der Haft oder aus der Vollstreckung der Strafe der Freiheitsentziehung entflieht, oder

c) eine wichtige Handlung vornimmt, um den Zweck der Haft oder der Strafe zu vereiteln,

wird mit Freiheitsentziehung bis zu fünf Jahren oder Besserungsmaßnahme oder Geldstrafe bestraft.

§ 172

Gefangenenmeuterei

1. Wer an der Widersetzlichkeit einer Gruppe von Gefangenen gegenüber einem Aufsichtsorgan, dessen Befehl oder der Gefängnisordnung teilnimmt, wird mit Freiheitsentziehung von einem Jahr bis zu fünf Jahren bestraft.

2. Mit Freiheitsentziehung von drei bis acht Jahren wird der Täter bestraft, wenn er eine im Absatz 1 angeführte Tat organisiert.

§ 173

Gefährdung eines Dienstgeheimnisses

1. Wer ein Dienstgeheimnis ausspäht mit dem Vorsatz, es einer unberufenen Person zu verraten, oder

wer ein Dienstgeheimnis einer unberufenen Person vorsätzlich verrät,

wird mit Freiheitsentziehung bis zu einem Jahre oder Besserungsmaßnahme oder Tätigkeitsverbot bestraft.

2. Ebenso wird bestraft, wer aus Fahrlässigkeit bewirkt, daß ein Dienstgeheimnis im Ausland bekannt wird.

3. Wer ein Dienstgeheimnis ausspäht mit dem Vorsatz, es ins Ausland zu verraten, oder

wer ein Dienstgeheimnis vorsätzlich ins Ausland verrät,

wird mit Freiheitsentziehung von sechs Monaten bis zu drei Jahren bestraft.

§ 174

Falsche Anschuldigung

1. Wer einen anderen fälschlich einer Straftat beschuldigt mit dem Vorsatze, dessen Strafverfolgung herbeizuführen, wird mit Freiheitsentziehung bis zu drei Jahren bestraft.

2. Mit Freiheitsentziehung von drei bis acht Jahren wird der Täter bestraft, wenn er durch eine im Absatz 1 angeführte Tat einen erheblichen Schaden oder eine andere wichtige Folge herbeiführt.

§ 175

Falsche Aussage

1. Wer als Zeuge, Sachverständiger oder Dolmetscher vor einem Gericht, vor einem Prokurator oder einem Untersuchungsorgan, das eine Untersuchung nach der Strafprozeßordnung vornimmt, oder vor einem staatlichen Notar, der Entscheidungen trifft,

a) die Unwahrheit über einen Umstand, der wesentliche Bedeutung für die Entscheidung hat, aussagt, oder

b) einen solchen Umstand verschweigt,

wird mit Freiheitsentziehung bis zu drei Jahren oder Besserungsmaßnahme bestraft.

2. Mit Freiheitsentziehung von drei bis acht Jahren wird der Täter bestraft, wenn er durch eine im Absatz 1 angeführte Tat einen erheblichen Schaden oder eine andere wichtige Folge herbeiführt.

§ 176

Fälschung und Veränderung einer öffentlichen Urkunde

1. Wer eine öffentliche Urkunde fälscht oder ihren Inhalt wesentlich verändert, damit sie als echte gebraucht werde, oder

wer eine solche Urkunde als echte gebraucht,

wird mit Freiheitsentziehung bis zu zwei Jahren oder Besserungsmaßnahme oder Geldstrafe bestraft.

2. Mit Freiheitsentziehung von einem Jahre bis zu fünf Jahren wird der Täter bestraft, wenn er durch eine im Absatz 1 angeführte Tat

einen erheblichen Schaden oder eine andere besonders wichtige Folge herbeiführt.

§ 177

Vereitelung der Vorbereitungen und des Verlaufs von Wahlen

Wer einen anderen mit Gewalt oder List an der Ausübung des Wahlrechts hindert, oder

wer sonstwie in grober Weise die Vorbereitungen oder den Verlauf von Wahlen in eine Vertretungskörperschaft oder von Richterwahlen vereitelt,

wird mit Freiheitsentziehung von sechs Monaten bis zu drei Jahren bestraft.

§ 178

Vereitelung der Aufsicht über Kirchen und Religionsgesellschaften

Wer mit dem Vorsatz, die Ausübung der staatlichen Aufsicht über eine Kirche oder Religionsgesellschaft zu vereiteln oder zu erschweren, eine Bestimmung des Gesetzes über die wirtschaftliche Sicherstellung der Kirchen und Religionsgesellschaften[15]) verletzt, wird mit Freiheitsentziehung bis zu zwei Jahren oder Geldstrafe bestraft.

VIERTES HAUPTSTÜCK

Gemeingefährliche Straftaten

Gemeingefährdung

§ 179

Wer vorsätzlich Menschen der Todesgefahr oder einem schweren Nachteil an der Gesundheit oder fremdes Vermögen der Gefahr eines Schadens von großem Ausmaß dadurch aussetzt, daß er eine Feuersbrunst oder ein Hochwasser oder eine schädliche Wirkung von Explosivstoffen, Gas, Elektrizität oder anderen ähnlich gefährlichen Stoffen oder Kräften verursacht oder eine andere ähnlich gefährliche Handlung begeht (Gemeingefahr), oder

wer eine Gemeingefahr erhöht oder ihre Abwendung oder Minderung erschwert,

wird mit Freiheitsentziehung von drei bis acht Jahren bestraft.

2. Mit Freiheitsentziehung von acht bis 15 Jahren wird der Täter bestraft,

---

[15]) Ges. v. 14. 10. 1949, Nr. 218 Sb., und Durchführungsverordnungen Nr. 219—223/49 Sb.

a) wenn er eine im Absatz 1 angeführte Tat als Mitglied einer organisierten Gruppe begeht,
b) wenn er eine solche Tat wiederholt innerhalb kurzer Zeit begeht, oder
c) durch eine solche Tat einen schweren Nachteil an der Gesundheit mehrerer Personen, einen Schaden großen Ausmaßes oder eine andere besonders wichtige Folge herbeiführt.

3. Mit Freiheitsentziehung von zwölf bis 15 Jahren oder mit dem Tode wird der Täter bestraft,
a) wenn er durch eine im Absatz 1 angeführte Tat den Tod herbeiführt, oder
b) wenn er eine solche Tat zur Zeit der Wehrbereitschaft des Staates begeht.

§ 180

1. Wer aus Fahrlässigkeit eine Gemeingefahr verursacht oder erhöht oder ihre Abwendung oder Minderung erschwert, wird mit Freiheitsentziehung bis zu einem Jahre oder Besserungsmaßnahme oder Tätigkeitsverbot bestraft.

2. Mit Freiheitsentziehung bis zu drei Jahren oder Besserungsmaßnahme oder Tätigkeitsverbot wird der Täter bestraft,
a) wenn er durch eine im Absatz 1 angeführte Tat einen schweren Nachteil an der Gesundheit oder den Tod herbeiführt,
b) wenn er eine solche Tat dadurch begeht, daß er eine wichtige Pflicht verletzt, die auf seiner Beschäftigung, seinem Beruf, seiner Stellung oder seiner Funktion beruhte oder ihm nach dem Gesetze auferlegt war, oder
c) wenn er durch eine solche Tat einen erheblichen Schaden verursachte.

3. Mit Freiheitsentziehung von einem Jahre bis zu fünf Jahren wird der Täter bestraft, wenn er durch eine im Absatz 2 Buchst. b) angeführte Tat
a) einen Schaden großen Ausmaßes oder
b) einen schweren Nachteil an der Gesundheit oder den Tod herbeiführt.

4. Mit Freiheitsentziehung von drei bis zehn Jahren wird der Täter bestraft, wenn er durch eine im Absatz 2 Buchst. b) angeführte Tat einen schweren Nachteil an der Gesundheit oder den Tod mehrerer Personen herbeiführt.

§ 181

Pflichtverletzung bei drohender Not

Wer die Abwendung oder Minderung einer drohenden Not, die eine größere Gruppe von Personen unmittelbar trifft, dadurch vereitelt oder erschwert, daß er ohne wichtigen Grund

a) Hilfeleistung, die ihm nach dem Gesetz aufgetragen ist, vereitelt oder zu der er sich verpflichtet hat, ablehnt, oder
b) es vereitelt, daß solche Hilfe durch eine andere Person geleistet wird,
wird mit Freiheitsentziehung bis zu drei Jahren oder Besserungsmaßnahme oder Tätigkeitsverbot oder Geldstrafe bestraft.

Beschädigung und Gefährdung des Betriebs einer gemeinnützigen Einrichtung

§ 182

1. Wer vorsätzlich den Betrieb
a) einer öffentlichen Fernmeldeeinrichtung, der Post oder einer Einrichtung des öffentlichen Massenverkehrs,
b) eines Unterseekabels oder einer Unterwasserrohrleitung,
c) einer Kraft- oder Wasserwerks-Einrichtung,
d) einer öffentlichen Einrichtung zum Schutze gegen Feuer, Hochwasser oder andere Elementarkatastrophen,
e) einer Verteidigungseinrichtung oder Einrichtung zum Schutze gegen Flieger- und andere ähnliche Angriffe oder deren Folgen, oder
f) einer ähnlichen gemeinnützigen Einrichtung
gefährdet, wird mit Freiheitsentziehung bis zu drei Jahren oder Besserungsmaßnahme bestraft.

2. Mit Freiheitsentziehung von einem bis zu sechs Jahren wird der Täter bestraft,
a) wenn er durch eine im Absatz 1 angeführte Tat eine Störung des Betriebs einer gemeinnützigen Einrichtung verursacht, oder
b) wenn er eine solche Tat zur Zeit der Wehrbereitschaft des Staates begeht.

§ 183

Wer vorsätzlich eine deutlich bezeichnete Marke eines Festpunkts der staatlichen Triangulation vernichtet oder unbrauchbar macht, wird mit Freiheitsentziehung bis zu einem Jahre oder mit Besserungsmaßnahme oder Geldstrafe bestraft.

§ 184

Wer fahrlässig den Betrieb einer gemeinnützigen Einrichtung (§ 182 Abs. 1) gefährdet, wird mit Freiheitsentziehung bis zu 6 Monaten oder Besserungsmaßnahme oder Geldstrafe bestraft.

§ 185

Unerlaubte Bewaffnung[16]

1. Wer ohne Erlaubnis

[16]) vgl. Ges. v. 16. 6. 1949, Nr. 162 Sb., über Waffen und Munition, und die Verordnung Nr. 1/1952 Sb.

a) eine gegen Massen wirksame Waffe oder Bestandteile, die zum Gebrauch einer solchen Waffe unerläßlich notwendig sind, sich oder einem anderen verschafft, oder aufbewahrt, oder
b) Waffen, Munition oder Explosivstoffe ansammelt, erzeugt oder sich oder einem anderen beschafft,

wird mit Freiheitsentziehung bis zu 3 Jahren bestraft.

2. Mit Freiheitsentziehung von einem Jahre bis zu 5 Jahren wird der Täter bestraft,

a) wenn er eine im Absatz 1 angeführte Tat größeren Ausmaßes begeht, oder
b) wenn er eine solche Tat zur Zeit der Wehrbereitschaft des Staates begeht.

§ 186

Unerlaubter Betrieb und Haltung einer Sendestation

1. Wer ohne Erlaubnis eine Sendestation oder einen Satz wesentlicher Bestandteile, die zur Aufstellung einer solchen Station bestimmt sind, herstellt, sich oder einem anderen verschafft, oder aufbewahrt, oder

wer eine solche Station ohne Erlaubnis benutzt, wird mit Freiheitsentziehung bis zu 2 Jahren oder Besserungsmaßnahme bestraft.

2. Mit Freiheitsentziehung von einem Jahre bis zu 5 Jahren wird der Täter bestraft, wenn er eine im Absatz 1 angeführte Tat zur Zeit der Wehrbereitschaft des Staates begeht.

Unerlaubte Herstellung und Haltung von Betäubungsmitteln und Giften

§ 187

1. Wer ohne Erlaubnis Betäubungsmittel oder Gifte herstellt, einführt, ausführt, einem anderen verschafft oder aufbewahrt, wird mit Freiheitsentziehung bis zu 2 Jahren oder Besserungsmaßnahme oder Geldstrafe bestraft.

2. Mit Freiheitsentziehung von 2 bis 8 Jahren wird der Täter bestraft,

a) wenn er eine im Absatz 1 angeführte Tat als Mitglied einer organisierten Gruppe begeht,
b) wenn er aus einer solchen Tat einen erheblichen Vorteil zieht, oder
c) wenn er durch eine solche Tat einen schweren Nachteil an der Gesundheit mehrerer Personen oder den Tod verursacht.

§ 188

Wer einen Gegenstand, der zur unerlaubten Herstellung von Betäubungsmitteln oder Giften geeignet ist, herstellt, sich oder einem anderen verschafft, oder aufbewahrt, wird mit Freiheitsentziehung bis zu 2 Jahren oder Besserungsmaßnahme oder Geldstrafe oder Verfall der Sache bestraft.

Verbreitung einer ansteckenden Krankheit

§ 189

Wer vorsätzlich die Gefahr der Einschleppung oder Verbreitung einer ansteckenden menschlichen Krankheit herbeiführt oder erhöht, wird mit Freiheitsentziehung bis zu 3 Jahren oder Besserungsmaßnahme bestraft.

§ 190

Wer fahrlässig die Gefahr der Einschleppung oder Verbreitung einer ansteckenden menschlichen Krankheit herbeiführt oder erhöht, wird mit Freiheitsentziehung bis zu einem Jahre oder Besserungsmaßnahme oder Geldstrafe bestraft.

§ 191

1. Wer die Gefahr der Einschleppung oder Verbreitung einer ansteckenden Krankheit von Haustieren oder anderen wirtschaftlich wichtigen Tieren herbeiführt oder erhöht, wird mit Freiheitsentziehung bis zu einem Jahre oder Besserungsmaßnahme oder Geldstrafe bestraft.

2. Mit Freiheitsentziehung von 6 Monaten bis zu 3 Jahren oder Besserungsmaßnahme wird der Täter bestraft, wenn er durch eine im Absatz 1 angeführte Tat die Verbreitung einer solchen Krankheit herbeiführt.

§ 192

1. Wer die Gefahr der Einschleppung oder Verbreitung einer ansteckenden Krankheit oder eines Schädlings von Nutzpflanzen herbeiführt oder erhöht, wird mit Freiheitsentziehung bis zu einem Jahre oder Besserungsmaßnahme oder Geldstrafe bestraft.

2. Mit Freiheitsentziehung von 6 Monaten bis zu 3 Jahren oder Besserungsmaßnahme wird der Täter bestraft, wenn er durch eine im Absatz 1 angeführte Tat die Verbreitung einer solchen Krankheit oder eines solchen Schädlings herbeiführt.

Gefährdung der Gesundheit durch nicht einwandfreie Lebensmittel und andere Bedarfsgegenstände

§ 193

1. Wer vorsätzlich Lebensmittel oder andere Gegenstände, deren Genuß oder Gebrauch zu ihrem gewöhnlichen Zwecke gefährlich

für die menschliche Gesundheit ist, feilhält, erzeugt oder sich oder einem anderen verschafft, wird mit Freiheitsentziehung bis zu 2 Jahren oder Besserungsmaßnahme oder Geldstrafe bestraft.

2. Mit Freiheitsentziehung von einem Jahre bis zu 5 Jahren wird der Täter bestraft, wenn er durch eine im Absatz 1 angeführte Tat einen Nachteil an der Gesundheit von mehreren Personen oder den Tod verursacht.

§ 194

Wer fahrlässig Lebensmittel oder andere Gegenstände, deren Genuß oder Gebrauch zu ihrem gewöhnlichen Zwecke gefährlich für die menschliche Gesundheit ist, feilhält, erzeugt oder sich oder einem anderen verschafft, wird mit Freiheitsentziehung bis zu 6 Monaten oder Besserungsmaßnahme oder Geldstrafe oder Verfall der Sache bestraft.

§ 195

Gemeinsame Bestimmungen

Durch Kundmachung des Justizministers wird bestimmt[17], was als Betäubungsmittel und Gifte im Sinne der §§ 187 und 188 angesehen wird, welche Krankheiten als ansteckend im Sinne der §§ 189 bis 192 angesehen werden und auf welche Schädlinge sich die Bestimmung des § 192 bezieht.

FÜNFTES HAUPTSTÜCK

Straftaten, die das bürgerliche Zusammenleben grob verletzen

Gewalt gegen eine Gruppe von Einwohnern und gegen einen Einzelnen

§ 196

1. Wer einer Gruppe von Einwohnern mit Tötung, Gesundheitsverletzung oder Zufügung von Schadens größeren Umfangs droht, wird mit Freiheitsentziehung bis zu einem Jahre oder Besserungsmaßnahme bestraft.

2. Wer gegen eine Gruppe von Einwohnern oder gegen einen Einzelnen Gewalt ausübt oder ihnen mit Tötung, Gesundheitsverletzung oder Zufügung eines Schadens von größerem Umfang deshalb, weil

---

[17] vgl. VO d. Justizministers v. 30. 11. 1955, Nr. 54 Sb., und die Gesetzl. Verfügung des Präsidiums der Nationalversammlung v. 31. 3. 1955, Nr. 23 Sb., über Betäubungsmittel, Gifte, ansteckende Krankheiten und Schädlinge für Nutzpflanzen im Sinne des Strafgesetzes; DVO Nr. 167/55 U. l., Nr. 193/55 U. l., Nr. 107/56 U. l., K. Nr. 220/59 U. l., Nr. 234/59 U. l., Nr. 72/60 Sb.

sie Anhänger der sozialistischen gesellschaftlichen und staatlichen Ordnung sind, oder wegen ihrer Nationalität, Rasse, wegen ihres Bekenntnisses oder weil sie ohne Bekenntnis sind, droht, wird mit Freiheitsentziehung bis zu 2 Jahren oder Besserungsmaßnahme bestraft.

§ 197

Wer mit dem Vorsatze, einen anderen von der aktiven Beteiligung an der Erfüllung von Aufgaben der sozialistischen Gesellschaft abzuschrecken,

a) Gewalt gegen eine Gruppe von Einwohnern oder gegen einen Einzelnen anwendet, oder

b) einer Gruppe von Einwohnern oder einem Einzelnen mit Tötung, Gesundheitsverletzung oder Zufügung eines Schadens von großem Umfang droht,

wird mit Freiheitsentziehung von 6 Monaten bis zu 3 Jahren bestraft.

§ 198

Schmähung eines Volkes, einer Rasse oder einer Überzeugung

Wer öffentlich und auf eine Ärgernis erregende Weise

a) ein Volk, dessen Sprache oder irgendeine Rasse, oder

b) eine Gruppe von Bewohnern der Republik deshalb, weil sie Anhänger der sozialistischen gesellschaftlichen und staatlichen Ordnung sind, oder wegen ihres Bekenntnisses oder weil sie ohne Bekenntnis sind,

schmäht, wird mit Freiheitsentziehung bis zu einem Jahre oder Besserungsmaßnahme bestraft.

Verbreitung einer alarmierenden Nachricht

§ 199

Wer vorsätzlich die Gefahr einer ernsten Beunruhigung wenigstens eines Teils der Bevölkerung irgend eines Ortes herbeiführt, indem er eine alarmierende unwahre Nachricht verbreitet, wird mit Freiheitsentziehung bis zu 6 Monaten oder Besserungsmaßnahme oder Geldstrafe bestraft.

§ 200

Wer zur Zeit der Wehrbereitschaft des Staates auch nur fahrlässig die Gefahr von ernster Beunruhigung, Kleinmut oder Gefühl des Geschlagenseins auch nur bei einem Teil der Bevölkerung eines Ortes herbeiführt, indem er eine alarmierende Nachricht verbreitet, wird mit Freiheitsentziehung von 6 Monaten bis zu 3 Jahren bestraft.

§ 201

Trunkenheit

Wer nach dem Genusse eines alkoholischen Getränks eine Beschäftigung oder andere Tätigkeit ausübt, bei denen er das Leben oder die Gesundheit von Menschen gefährden oder einen erheblichen Vermögensschaden verursachen könnte, wird mit Freiheitsentziehung bis zu einem Jahre oder Besserungsmaßnahme oder Tätigkeitsverbot oder Geldstrafe bestraft.

§ 202

Begehung von Exzessen

1. Wer aus offenbarer Mißachtung der Gesellschaft öffentlich oder auf einem der Öffentlichkeit zugänglichen Orte grobe Ungehörigkeiten oder Exzesse begeht, wird mit Freiheitsentziehung bis zu 2 Jahren oder Besserungsmaßnahme oder Geldstrafe bestraft.

2. Mit Freiheitsentziehung von 6 Monaten bis zu 3 Jahren oder Besserungsmaßnahme wird der Täter bestraft, wenn er eine im Absatz 1 angeführte Tat als Mitglied einer organisierten Gruppe begeht.

§ 203

Parasitentum

Wer systematisch ehrlicher Arbeit ausweicht und sich die Mittel zu einem Lebensunterhalt durch Prostitution, Glücksspiel oder auf eine andere unlautere Weise verschafft, wird mit Freiheitsentziehung bis zu 2 Jahren bestraft.

§ 204

Kuppelei

Wer einen anderen dazu dingt, veranlaßt oder verführt, Prostitution zu betreiben, oder

wer die von einem anderen betriebene Prostitution ausbeutet,

wird mit Freiheitsentziehung von einem Jahre bis zu 5 Jahren bestraft.

§ 205

Gefährdung der Sittlichkeit

1. Wer ein Druckwerk, einen Film, eine Abbildung oder einen anderen Gegenstand, die die Sittlichkeit gefährden, in Verkehr bringt oder öffentlich zugänglich macht, oder

wer einen solchen Gegenstand zu diesem Zwecke herstellt oder aufbewahrt,

wird mit Freiheitsentziehung bis zu 6 Monaten oder Besserungsmaßnahme oder Geldstrafe oder Verfall der Sache bestraft.

2. Mit Freiheitsentziehung bis zu 2 Jahren wird der Täter bestraft,

a) wenn er eine im Absatz 1 angeführte Tat von erheblichem Umfang begeht,
b) durch eine solche Tat die Sittlichkeit einer Person, die jünger als 18 Jahre ist, gefährdet, oder
c) wenn er eine solche Tat erwerbsmäßig begeht.

§ 206

Üble Nachrede

Wer über einen anderen eine Angabe macht, von der er weiß, daß sie unwahr ist und daß sie geeignet ist, in erheblichem Maße dessen Ansehen bei den Mitbürgern zu gefährden, und dadurch

a) ihn in seiner Beschäftigung schädigt,
b) seine Familienbeziehungen stört, oder
c) ihm einen anderen ernsten Nachteil zufügt,

wird mit Freiheitsentziehung bis zu einem Jahre oder Besserungsmaßnahme bestraft.

Unterlassung von Hilfeleistung

§ 207

1. Wer einer Person, die sich in Todesgefahr befindet oder Anzeichen einer ernsten Gesundheitsstörung aufweist, nicht die erforderliche Hilfe leistet, obwohl er das ohne Gefahr für sich oder einen anderen tun kann, wird mit Freiheitsentziehung bis zu 6 Monaten oder Besserungsmaßnahme bestraft.

2. Wer einer Person, die sich in Todesgefahr befindet oder Anzeichen einer ernsten Gesundheitsstörung aufweist, nicht die erforderliche Hilfe leistet, obwohl er nach der Art seiner Beschäftigung verpflichtet ist, eine solche Hilfe zu leisten, wird mit Freiheitsentziehung bis zu einem Jahre oder Besserungsmaßnahme oder Tätigkeitsverbot bestraft.

§ 208

Der Lenker eines Verkehrsmittels, der nach einem Verkehrsunfall, an dem er beteiligt war, einer Person, die bei dem Unfall einen Schaden an ihrer Gesundheit erlitten hat, die erforderliche Hilfe nicht leistet, obwohl er das ohne Gefahr für sich oder einen anderen tun kann, wird mit Freiheitsentziehung bis zu 3 Monaten oder Besserungsmaßnahme oder Tätigkeitsverbot bestraft.

§ 209

Schädigung fremder Rechte

1. Wer einem anderen einen schweren Nachteil an dessen Rechten dadurch zufügt, daß er

a) jemanden in Irrtum führt, oder
b) den Irrtum eines anderen ausnutzt,

wird mit Freiheitsentziehung bis zu 2 Jahren oder Besserungsmaßnahme oder Geldstrafe bestraft.

2. Mit Freiheitsentziehung bis zu 3 Jahren wird der Täter bestraft, wenn er sich bei einer im Absatz 1 angeführten Tat als öffentlicher Funktionär ausgibt.

SECHSTES HAUPTSTÜCK

Straftaten gegen Familie und Jugend

§ 210

Doppelehe

1. Wer während der Dauer seiner Ehe eine andere Ehe schließt, wird mit Freiheitsentziehung bis zu 2 Jahren bestraft.

2. Ebenso wird bestraft, wer die Ehe mit einer schon verheirateten Person schließt.

§ 211

Verletzung des Gesetzes über das Familienrecht

Wer bei Ausübung seiner seelsorgerischen Tätigkeit oder einer ähnlichen religiösen Funktion auch nur fahrlässig die Bestimmungen des Gesetzes über das Familienrecht[18]) verletzt, insbesondere dadurch, daß er religiöse Trauungsfeierlichkeiten mit Personen vornimmt, die nicht miteinander die Ehe geschlossen haben, wird mit Freiheitsentziehung bis zu einem Jahre bestraft.

§ 212

Verlassen eines Kindes

1. Wer ein Kind, für das er zu sorgen verpflichtet ist und das sich selbst keine Hilfe verschaffen kann, verläßt, und es damit der Gefahr des Todes oder einer Gesundheitsverletzung aussetzt, wird mit Freiheitsentziehung von 6 Monaten bis zu 3 Jahren bestraft.

2. Mit Freiheitsentziehung von einem Jahre bis zu 6 Jahren wird der Täter bestraft, wenn er durch eine im Absatz 1 angeführte Tat einen schweren Nachteil an der Gesundheit oder den Tod herbeiführt.

---

[18]) vgl. Ges. Nr. 265/49 Sb. i. d. F. der Gesetzl. Vfg. Nr. 61/55 Sb.; Ges. Nr. 15/58 Sb.; Ges. 46/59 Sb. — § 7 des Ges. Nr. 265/49 über das Familienrecht lautet: „Religiöse Trauungsfeierlichkeiten sind gestattet; sie dürfen aber erst nach der entsprechend diesem Gesetz erfolgten Eheschließung stattfinden.“

§ 213

Vernachlässigung der Unterhaltspflicht

1. Wer auch nur fahrlässig seine gesetzliche Pflicht, einen anderen zu erhalten oder zu versorgen[19], nicht erfüllt, wird mit Freiheitsentziehung bis zu einem Jahre bestraft.

2. Wer sich vorsätzlich der Erfüllung seiner gesetzlichen Pflicht, einen anderen zu erhalten oder zu versorgen, entzieht, wird mit Freiheitsentziehung bis zu 2 Jahren bestraft.

3. Mit Freiheitsentziehung von 6 Monaten bis zu 3 Jahren wird der Täter bestraft, wenn er durch eine in den Absätzen 1 oder 2 angeführte Tat eine unterhaltsberechtigte Person der Gefahr der Not aussetzt.

§ 214

Besondere Bestimmung über tätige Reue

Die Strafbarkeit der Vernachlässigung der Unterhaltspflicht (§ 213) erlischt, wenn die Straftat keine dauernd ungünstigen Folgen hatte und der Täter nachträglich seine Pflicht erfüllt hat, bevor das Gericht der ersten Instanz das Urteil zu verkünden begonnen hat.

§ 215

Quälen einer anvertrauten Person

Wer eine Person, die in seiner Fürsorge oder Erziehung steht, quält, wird mit Freiheitsentziehung von 6 Monaten bis zu 3 Jahren bestraft.

§ 216

Entführung

1. Wer eine Person, die jünger als 15 Jahre ist, oder eine Person, die von einer Geistesstörung betroffen oder geistig unzureichend entwickelt ist, aus der Betreuung dessen, dem nach dem Gesetz oder nach einer behördlichen Entscheidung die Fürsorgepflicht obliegt, wegnimmt, wird mit Freiheitsentziehung bis zu einem Jahre oder Besserungsmaßnahme oder Geldstrafe bestraft.

2. Mit Freiheitsentziehung von einem Jahre bis zu 5 Jahren wird der Täter bestraft,

a) wenn er eine im Absatz 1 angeführte Tat mit der Absicht begeht, sich oder einem anderen einen Vermögensvorteil zu verschaffen, oder

b) wenn er durch eine solche Tat die sittliche Entwicklung der entführten Person gefährdet oder wenn er durch eine solche Tat eine besonders schwere Folge herbeiführt.

---

[19]) vgl. Ges. Nr. 265 v. 7. 12. 1949 über das Familienrecht.

§ 217
Gefährdung der sittlichen Erziehung der Jugend

Wer auch nur fahrlässig eine Person, die jünger als 18 Jahre ist, der Gefahr der Verwahrlosung aussetzt, indem er

a) es ihr ermöglicht, einen müßigen oder unsittlichen Lebenswandel zu führen, oder

b) sie zu einem müßigen oder unsittlichen Lebenswandel verführt,

wird mit Freiheitsentziehung bis zu 2 Jahren bestraft.

§ 218
Abgabe alkoholischer Getränke an die Jugend

Wer systematisch an Personen, die jünger als 18 Jahre sind, alkoholische Getränke in solchem Ausmaße ausgibt, daß er damit deren Gesundheit gefährdet, wird mit Freiheitsentziehung bis zu einem Jahre bestraft.

SIEBENTES HAUPTSTÜCK

Straftaten gegen Leben und Gesundheit

§ 219
Mord

Wer einen anderen vorsätzlich tötet, wird mit Freiheitsentziehung von 10 bis 15 Jahren oder mit dem Tode bestraft.

§ 220
Ermordung eines neugeborenen Kindes durch die Mutter

Eine Mutter, die in der durch die Geburt verursachten Erregung vorsätzlich ihr neugeborenes Kind bei der Geburt oder gleich danach tötet, wird mit Freiheitsentziehung von 3 bis 8 Jahren bestraft.

Beschädigung an der Gesundheit
§ 221

1. Wer einen anderen vorsätzlich an der Gesundheit beschädigt, wird mit Freiheitsentziehung bis zu einem Jahre oder Besserungsmaßnahme bestraft.

2. Mit Freiheitsentziehung von 6 Monaten bis zu 3 Jahren wird der Täter bestraft,

a) wenn er eine im Absatz 1 angeführte Tat gegen einen Zeugen, Sachverständigen oder Dolmetscher wegen der Ausübung ihrer Pflichten begeht, oder

b) wenn er eine solche Tat gegen einen anderen deshalb, weil er ein Anhänger der sozialistischen gesellschaftlichen und staatlichen Ordnung ist, oder wegen dessen Nationalität, Rasse, Bekenntnis oder Bekenntnislosigkeit begeht.

3. Mit Freiheitsentziehung von einem Jahre bis zu 5 Jahren wird der Täter bestraft, wenn er durch eine im Absatz 1 angeführte Tat einen schweren Nachteil an der Gesundheit herbeiführt.

4. Mit Freiheitsentziehung von 3 bis 8 Jahren wird der Täter bestraft, wenn er durch eine im Absatz 1 angeführte Tat den Tod herbeiführt.

§ 222

1. Wer einem anderen vorsätzlich einen schweren Nachteil an der Gesundheit zufügt, wird mit Freiheitsentziehung von 2 bis 8 Jahren bestraft.

2. Mit Freiheitsentziehung von 5 bis 12 Jahren wird der Täter bestraft, wenn er mit einer im Absatz 1 angeführten Tat den Tod herbeiführt.

§ 223

1. Wer einen anderen fahrlässig an der Gesundheit beschädigt, wird mit Freiheitsentziehung bis zu 6 Monaten oder Besserungsmaßnahme oder Tätigkeitsverbot bestraft.

2. Mit Freiheitsentziehung bis zu einem Jahre oder Besserungsmaßnahme oder Tätigkeitsverbot wird der Täter bestraft, wenn er eine im Absatz 1 angeführte Tat dadurch begeht, daß er eine wichtige Pflicht verletzt, die sich aus seiner Beschäftigung, seinem Berufe, seiner Stellung oder Funktion ergibt oder die ihm nach dem Gesetz auferlegt ist.

§ 224

1. Wer einem anderen aus Fahrlässigkeit einen schweren Nachteil an der Gesundheit oder den Tod zufügt, wird mit Freiheitsentziehung bis zu 2 Jahren oder Besserungsmaßnahme oder Tätigkeitsverbot bestraft.

2. Mit Freiheitsentziehung von 6 Monaten bis zu 5 Jahren oder Besserungsmaßnahme wird der Täter bestraft, wenn er eine im Absatz 1 angeführte Tat dadurch begeht, daß er eine wichtige Pflicht verletzt hat, die sich aus seiner Beschäftigung, seinem Beruf, seiner Stellung oder seiner Funktion ergibt oder die ihm nach dem Gesetze auferlegt ist.

3. Wer fahrlässig mehreren Personen einen schweren Nachteil an der Gesundheit oder den Tod dadurch zufügt, daß er gröblich die

Vorschriften über die Sicherheit bei der Arbeit[20]) oder im Verkehr[21]) oder hygienische Vorschriften[22]) verletzt hat, wird mit Freiheitsentziehung von 3 bis 10 Jahren bestraft.

§ 225

Raufhandel

1. Wer vorsätzlich das Leben oder die Gesundheit eines anderen dadurch gefährdet, daß er an einer Schlägerei teilnimmt, wird mit Freiheitsentziehung bis zu 6 Monaten oder Besserungsnaßnahme bestraft.

2. Mit Freiheitsentziehung von 6 Monaten bis zu 5 Jahren oder Besserungsmaßnahme wird der Täter bestraft, wenn bei einer im Absatz 1 angeführten Tat einem anderen ein schwerer Nachteil an der Gesundheit oder der Tod zugeführt wurde.

§ 226

Gefährdung durch Geschlechtskrankheit

Wer einen anderen auch nur fahrlässig der Gefahr geschlechtlicher Ansteckung aussetzt, wird mit Freiheitsentziehung bis zu 6 Monaten oder Besserungsmaßnahme bestraft.

Unerlaubte Unterbrechung der Schwangerschaft

§ 227

1. Wer einer Schwangeren hilft oder sie dazu verleitet,

a) die Schwangerschaft selbst künstlich zu unterbrechen, oder

b) einen anderen zu ersuchen oder diesem zu gestatten, ihr die Schwangerschaft anders als auf die nach den gesetzlichen Vorschriften über die künstliche Schwangerschaftsunterbrechung[23]) zulässige Art künstlich zu unterbrechen,

---

[20]) vgl. insbs. Ges. Nr. 65/1961 Sb. und K. Nr. 83/1961 Sb.

[21]) vgl. insbs.: Straßenverkehr: RegVO 54/1953 Sb. i. d. F. der GesetzlVfg. Nr. 13/1956 Sb. u. Ges. Nr. 60/1961 Sb., K. 145/1956 i. d. F. der K. Nr. 141/1960 Sb. — Eisenbahnverkehr: Ges Nr. 97/1950. RegVO Nr. 37/1951 Sb. i. d. F. der VO Nr. 38/1954 Sb., RegVO Nr. 37/1954 Sb. i. d. F. der RegVO Nr. 16/1956 Sb. u. Nr. 36/1958 Sb. — Luftverkehr: Ges. Nr. 47/1956 Sb. — Schiffahrt: Ges. Nr. 152/1950 Sb.; VO Nr. 202/1950 Sb., Nr. 72/1953 Sb. i. d. F. der VO Nr. 3/1956 Sb. u. Nr. 83/1960 Sb., VO Nr. 16/1955 Sb., Nr. 51/1956 Sb., Ges. Nr. 61/1952 Sb. — Postverkehr: Ges. Nr. 222/1946 Sb., DVO Nr. 240/1949 Sb.

[22]) vgl. insbs. Ges. Nr. 4/1952 Sb. i. d. F. der K. Nr. 20/1957 Sb., DVO Nr. 87/1953 Sb., Nr. 24/1954 Sb., Nr. 25/1954 Sb., Nr. 8/1955 Sb., Nr. 42/1956 Sb.

[23]) vgl. Ges. Nr. 68/1957 Sb. (unten S. 118) und Durchf. K. Nr. 104/1961 Sb. (unten S. 119).

wird mit Freiheitsentziehung bis zu einem Jahre oder Besserungsmaßnahme bestraft.

2. Mit Freiheitsentziehung von einem Jahre bis zu 5 Jahren wird der Täter bestraft, wenn er durch eine im Absatz 1 angeführte Tat einen schweren Nachteil an der Gesundheit oder den Tod herbeiführt.

§ 228

1. Wer mit Zustimmung einer Schwangeren deren Schwangerschaft anders als auf die nach den gesetzlichen Vorschriften über die künstliche Schwangerschaftsunterbrechung[23]) zulässige Art unterbricht, wird mit Freiheitsentziehung von einem Jahre bis zu 5 Jahren bestraft.

2. Mit Freiheitsentziehung von 2 bis 8 Jahren wird der Täter bestraft,

a) wenn er eine im Absatz 1 angeführte Tat erwerbsmäßig begeht, oder

b) wenn er mit einer solchen Tat einen schweren Nachteil an der Gesundheit oder den Tod herbeiführt.

3. Ebenso wie im Absatz 2 wird bestraft, wer ohne Zustimmung eines schwangeren Weibes deren Schwangerschaft künstlich unterbricht.

4. Mit Freiheitsentziehung von 5 bis 12 Jahren wird der Täter bestraft, wenn er durch eine im Absatz 3 angeführte Tat den Tod herbeiführt.

§ 229

Ein schwangeres Weib, das seine Schwangerschaft selbst künstlich unterbricht oder einen anderen darum ersucht oder ihm das erlaubt, ist für eine solche Tat nicht strafbar, und zwar auch nicht nach den Bestimmungen über den Anstifter und Gehilfen.

§ 230

Teilnahme am Selbstmord

1. Wer einen anderen zum Selbtsmord verleitet oder einem anderen zum Selbstmord Beihilfe leistet, wird, wenn es wenigstens zum Versuch des Selbstmords gekommen ist, mit Freiheitsentziehung von 6 Monaten bis zu 3 Jahren bestraft.

2. Mit Freiheitsentziehung von 2 bis 8 Jahren wird der Täter bestraft, wenn er eine im Absatz 1 angeführte Tat an einer Person unter 18 Jahren, an einem schwangeren Weibe oder an einer Person, die durch eine geistige Störung betroffen oder geistig ungenügend entwickelt ist, begeht.

ACHTES HAUPTSTÜCK

Straftaten gegen Freiheit und Menschenwürde

Erster Abschnitt

Straftaten gegen die Freiheit

§ 231

Einschränkung der persönlichen Freiheit

1. Wer einen anderen ohne Berechtigung an dem Gebrauch der persönlichen Freiheit hindert, wird mit Freiheitsentziehung bis zu 2 Jahren oder Besserungsmaßnahme bestraft.

2. Mit Freiheitsentziehung bis zu 3 Jahren oder Besserungsmaßnahme wird der Täter bestraft, wenn er eine im Absatz 1 angeführte Tat mit dem Vorsatze, eine andere Straftat zu erleichtern, begeht.

3. Mit Freiheitsentziehung von 3 bis 8 Jahren wird der Täter bestraft, wenn er durch eine im Absatz 1 angeführte Tat einen schweren Nachteil an der Gesundheit, den Tod oder eine andere besonders schwere Folge herbeiführt.

§ 232

Beraubung der persönlichen Freiheit

1. Wer einen anderen der persönlichen Freiheit beraubt, wird mit Freiheitsentziehung von 3 bis 8 Jahren bestraft.

2. Mit Freiheitsentziehung von 5 bis 12 Jahren wird der Täter bestraft, wenn er durch eine im Absatz 1 angeführte Tat einen schweren Nachteil an der Gesundheit, den Tod oder eine andere besonders schwere Folge herbeiführt.

§ 233

Verschleppung ins Ausland

1. Wer einen anderen ins Ausland verschleppt, wird mit Freiheitsentziehung von 3 bis 8 Jahren bestraft,

a) wenn er eine im Absatz 1 angeführte Tat als Mitglied einer organisierten Gruppe begeht,

b) wenn er eine solche Tat an einer Person unter 15 Jahren oder an einer Person, die durch eine geistige Störung betroffen oder geistig ungenügend entwickelt ist, begeht, oder

c) wenn er durch eine solche Tat einen schweren Nachteil an der Gesundheit, den Tod oder eine andere besonders schwere Folge herbeiführt.

§ 234
Raub

1. Wer mit dem Vorsatze, sich einer fremden Sache zu bemächtigen, gegen einen anderen Gewalt anwendet oder ihm mit unmittelbarer Gewaltanwendung droht, wird mit Freiheitsentziehung von 3 bis 10 Jahren bestraft.

2. Mit Freiheitsentziehung von 5 bis 12 Jahren wird der Täter bestraft,

a) wenn er eine im Absatz 1 angeführte Tat als Mitglied einer organisierten Gruppe begeht, oder

b) wenn er durch eine solche Tat einen schweren Nachteil an der Gesundheit oder einen bedeutenden Schaden herbeiführt.

3. Mit Freiheitsentziehung von 10 bis 15 Jahren wird der Täter bestraft, wenn er durch eine im Absatz 1 angeführte Tat den Tod herbeiführte.

§ 235
Erpressung

1. Wer einen anderen mit Gewalt, durch Drohung mit Gewaltanwendung oder durch Drohung mit einem anderen schweren Nachteil zwingt, etwas zu tun, zu unterlassen oder zu erdulden, wird mit Freiheitsentziehung bis zu 3 Jahren bestraft.

2. Mit Freiheitsentziehung von 2 bis 8 Jahren wird der Täter bestraft,

a) wenn er eine im Absatz 1 angeführte Tat mit einer Waffe oder erwerbsmäßig begeht, oder

b) wenn er durch eine solche Tat einen bedeutenden Schaden oder einen anderen besonders schweren Erfolg herbeiführt.

§ 236
Einschränkung der Freiheit des Bekenntnisses[24])

Wer mit Gewalt, durch Drohung mit Gewaltanwendung oder durch Drohung mit einem anderen schweren Nachteil

a) einen anderen zur Teilnahme an einer religiösen Handlung zwingt,

b) einen anderen unbefugt von einer solchen Teilnahme abhält, oder

---

[24]) Art. 32 Abs. 1 Verfassung der CSSR v. 11. 7. 1960, Nr. 100 Sb.: „Die Bekenntnisfreiheit ist gewährleistet. Jeder kann sich zu irgendeinem religiösen Glauben bekennen oder kann konfessionslos sein sowie religiöse Handlungen vornehmen, soweit dies nicht mit einem Gesetz in Widerspruch steht."

c) einen anderen sonstwie im Gebrauche der Freiheit seines Bekenntnisses hindert,

wird mit Freiheitsentziehung bis zu einem Jahre oder Besserungsmaßnahme bestraft.

§ 237

Nötigung

Wer unter Mißbrauch der Notlage oder Abhängigkeit eines anderen diesen zwingt, etwas zu tun, zu unterlassen oder zu erdulden, wird mit Freiheitsentziehung bis zu 6 Monaten oder Besserungsmaßnahme bestraft.

§ 238

Verletzung der Freiheit des Hauses

1. Wer unter Anwendung von Gewalt oder unter Drohung mit unmittelbarer Gewaltanwendung in das Haus oder in die Wohnung eines anderen eindringt,

wer dort unbefugt eindringt mit dem Vorsatze, Gewalt anzuwenden, oder

wer dort unbefugt bleibt mit dem Vorsatze, Gewalt anzuwenden, wird mit Freiheitsentziehung bis zu 2 Jahren oder Besserungsmaßnahme bestraft.

2. Mit Freiheitsentziehung von einem Jahre bis zu 5 Jahren wird der Täter bestraft,

a) wenn er eine im Absatz 1 angeführte Tat mit einer Waffe begeht, oder

b) wenn er eine solche Tat mindestens mit zwei Personen begeht.

Verletzung des Geheimnisses beförderter Nachrichten

§ 239

1. Wer vorsätzlich das Geheimnis

a) eines geschlossenen Briefes oder anderen Schriftstücks, die mit der Post oder einem anderen Verkehrsmittel versandt werden, oder

b) einer Nachricht, die mittels Telefons, Telegrafs oder einer anderen solchen öffentlichen Einrichtung weitergegeben wird,

verletzt, wird mit Freiheitsentziehung bis zu 6 Monaten oder Besserungsmaßnahme bestraft.

2. Ein Angestellter des Post-, Telegrafen- oder Telefondienstes, der

a) eine im Absatz 1 angeführte Tat begeht,

b) einem anderen vorsätzlich die Begehung einer solchen Tat ermöglicht, oder

c) ein durch die Post oder eine andere Verkehrseinrichtung befördertes Schriftstück oder eine telefonisch, telegrafisch oder auf andere ähnliche Art weitergegebene Nachricht verändert oder unterdrückt,

wird mit Freiheitsentziehung bis zu einem Jahre oder Besserungsmaßnahme oder Tätigkeitsverbot bestraft.

§ 240

1. Wer mit dem Vorsatze, einem anderen Schaden zuzufügen oder sich oder einem anderen einen unberechtigten Vorteil zu verschaffen,

a) ein Geheimnis, das er aus einem nicht für ihn bestimmten Schriftstück, Telegramm oder Telefongespräch erfahren hat, verrät, oder

b) ein solches Geheimnis ausnutzt,

wird mit Freiheitsentziehung bis zu einem Jahre oder Besserungsmaßnahme bestraft.

2. Ein Angestellter des Post-, Telegrafen- oder Telefondienstes, der

a) eine im Absatz 1 angeführte Tat begeht, oder

b) einem anderen vorsätzlich die Begehung einer solchen Tat ermöglicht,

wird mit Freiheitsentziehung bis zu 2 Jahren oder Besserungsmaßnahme oder Tätigkeitsverbot bestraft.

Zweiter Abschnitt

Straftaten gegen die Menschenwürde

§ 241

Notzucht

1. Wer mit Gewalt oder durch Drohung mit unmittelbarer Gewaltanwendung ein Weib zum Beischlaf zwingt, oder

wer die Wehrlosigkeit eines Weibes zu einer solchen Tat mißbraucht, wird mit Freiheitsentziehung von 3 bis 8 Jahren bestraft.

2. Mit Freiheitsentziehung von 5 bis 12 Jahren wird der Täter bestraft,

a) wenn er durch eine im Absatz 1 angeführte Tat einen schweren Nachteil an der Gesundheit herbeiführt, oder

b) wenn er eine solche Tat an einem Weibe, das jünger als 15 Jahre ist, begeht.

3. Mit Freiheitsentziehung von 10 bis 15 Jahren wird der Täter bestraft, wenn er durch eine im Absatz 1 angeführte Tat den Tod herbeiführt.

Geschlechtlicher Mißbrauch

§ 242

1. Wer mit einer Person, die jünger als 15 Jahre ist, den Beischlaf ausübt oder eine solche Person auf andere Weise geschlechtlich mißbraucht, wird mit Freiheitsentziehung von einem Jahre bis zu 8 Jahren bestraft.

2. Mit Freiheitsentziehung von 2 bis 10 Jahren wird der Täter bestraft, wenn er eine im Absatz 1 angeführte Tat an einer seiner Aufsicht anvertrauten Person unter Mißbrauch ihrer Abhängigkeit begeht.

3. Mit Freiheitsentziehung von 5 bis 20 Jahren wird der Täter bestraft, wenn er durch eine im Absatz 1 angeführte Tat einen schweren Nachteil an der Gesundheit herbeiführt.

4. Mit Freiheitsentziehung von 10 bis 15 Jahren wird der Täter bestraft, wenn er durch eine im Absatz 1 angeführte Tat den Tod herbeiführt.

§ 243

Wer eine Person, die jünger als 18 Jahre ist oder eine seiner Aufsicht anvertraute Person unter Mißbrauch ihrer Abhängigkeit zu außerehelichem Beischlaf veranlaßt, oder

eine solche Person unter Mißbrauch ihrer Abhängigkeit auf eine andere Art geschlechtlich mißbraucht,

wird mit Freiheitsentziehung bis zu 2 Jahren bestraft.

§ 244

Geschlechtsverkehr mit einer Person desselben Geschlechts

1. Wer nach Erreichung seines 18. Lebensjahrs mit einer Person desselben Geschlechts, die jünger als 18 Jahre ist, geschlechtlich verkehrt, oder

wer mit einer Person desselben Geschlechts unter Mißbrauch ihrer Abhängigkeit geschlechtlich verkehrt,

wird mit Freiheitsentziehung von einem Jahre bis zu 5 Jahren bestraft.

2. Ebenso wird bestraft, wer

a) für den Geschlechtsverkehr mit einer Person desselben Geschlechts ein Entgelt annimmt oder anbietet oder
b) durch Geschlechtsverkehr mit einer Person desselben Geschlechts öffentliches Ärgernis erregt.

§ 245

Beischlaf zwischen Verwandten

Wer mit einem in gerader Linie Verwandten oder mit einem Geschwisterteil den Beischlaf ausübt, wird mit Freiheitsentziehung bis zu 2 Jahren bestraft.

§ 246

Mädchenhandel

1. Wer ein Weib ins Ausland lockt, anwirbt oder befördert in der Absicht, daß es dort zum Geschlechtsverkehr mit einem anderen gebraucht werde, wird mit Freiheitsentziehung von einem Jahre bis zu 5 Jahren bestraft.

2. Mit Freiheitsentziehung von 3 bis 8 Jahren wird der Täter bestraft,

a) wenn er eine im Absatz 1 angeführte Tat als Mitglied einer organisierten Gruppe begeht,

b) wenn er eine solche Tat an einem Weibe begeht, das jünger als 18 Jahre ist, oder

c) wenn er eine solche Tat in der Absicht begeht, daß das Weib zur Prostitution benutzt werde.

NEUNTES HAUPTSTÜCK

Straftaten gegen das Vermögen

§ 247

Diebstahl

1. Wer sich eine fremde Sache dadurch aneignet, daß er sich ihrer bemächtigt, wird mit Freiheitsentziehung von 6 Monaten bis zu 3 Jahren oder Besserungsmaßnahme oder Geldstrafe bestraft.

2. Mit Freiheitsentziehung von 2 bis 8 Jahren wird der Täter bestraft,

a) wenn er eine im Absatz 1 angeführte Tat als Mitglied einer organisierten Gruppe begeht,

b) wenn er eine solche Tat erwerbsmäßig begeht,

c) wenn er versucht, unmittelbar nach einer solchen Tat mit Gewalt oder durch Drohung mit unmittelbarer Gewaltanwendung sich im Besitze der Sache zu erhalten, oder

d) wenn er durch eine solche Tat einen beträchtlichen Schaden oder eine andere besonders schwere Folge herbeiführt.

§ 248

Veruntreuung

1. Wer sich eine ihm anvertraute Sache aneignet, wird mit Freiheitsentziehung von 6 Monaten bis zu 3 Jahren oder Besserungsmaßnahme oder Geldstrafe bestraft.

2. Mit Freiheitsentziehung von 2 bis 8 Jahren wird der Täter bestraft,

a) wenn er die im Absatz 1 angeführte Tat als eine Person begeht, die die ihr ausdrücklich auferlegte Verpflichtung hat, die Interessen des Geschädigten zu wahren, oder

b) wenn er durch eine solche Tat einen erheblichen Schaden oder eine andere besonders schwere Folge herbeiführt.

§ 249

Unberechtigter Gebrauch einer fremden Sache

1. Wer sich einer fremden Sache von größerem Wert bemächtigt mit dem Vorsatze, sie vorübergehend zu benutzen, oder

wer unberechtigterweise eine fremde Sache von größerem Wert, die ihm anvertraut wurde, vorübergehend benutzt,
wird mit Freiheitsentziehung bis zu einem Jahre oder Besserungsmaßnahme oder Geldstrafe bestraft.

2. Mit Freiheitsentziehung von 6 Monaten bis zu 3 Jahren oder Besserungsmaßnahme wird der Täter bestraft, wenn er durch eine im Absatz 1 angeführte Tat einen erheblichen Schaden oder eine andere besonders schwere Folge herbeiführt.

§ 250

Betrug

1. Wer zum Schaden fremden Vermögens sich oder einen anderen dadurch bereichert, daß er

a) jemanden in Irrtum führt, oder

b) den Irrtum eines anderen ausnutzt,

wird mit Freiheitsentziehung von 6 Monaten bis zu 3 Jahren oder Besserungsmaßnahme oder Geldstrafe bestraft.

2. Mit Freiheitsentziehung von 2 bis 8 Jahren wird der Täter bestraft,

a) wenn er eine im Absatz 1 angeführte Tat erwerbsmäßig begeht oder

b) wenn er durch eine solche Tat einen erheblichen Schaden oder eine andere besonders schwere Folge herbeiführt.

Teilnehmung

§ 251

1. Wer

a) eine Sache, die durch eine von einer anderen Person begangene strafbare Handlung erlangt wurde, oder

b) den Erlös für eine solche Sache

verbirgt oder an sich bringt oder einem anderen übergibt, wird mit Freiheitsentziehung bis zu 2 Jahren oder Besserungsmaßnahme oder Geldstrafe bestraft.

2. Mit Freiheitsentziehung von 6 Monaten bis zu 5 Jahren wird der Täter bestraft,

a) wenn er eine im Absatz 1 angeführte Tat erwerbsmäßig begeht oder

b) aus einer solchen Tat einen erheblichen Vorteil zieht.

§ 252

Wer aus Fahrlässigkeit eine Sache von größerem Wert, die durch eine von einer anderen Person begangene Tat erlangt wurde, verbirgt oder an sich bringt oder einem andern übergibt, wird mit Freiheitsentziehung bis zu 6 Monaten oder Besserungsmaßnahme oder Geldstrafe bestraft.

§ 253

Wucher

1. Wer unter Mißbrauch der Notlage, Unerfahrenheit, Verstandesschwäche oder Erregung eines andern eine Leistung, deren Wert zu dem Werte der Gegenleistung in grobem Mißverhältnis steht, sich oder einem andern gewähren oder versprechen läßt, oder

wer eine solche Forderung geltend macht oder mit dem Vorsatze, sie geltend zu machen, an sich bringt,

wird mit Freiheitsentziehung bis zu 2 Jahren oder Geldstrafe bestraft.

2. Mit Freiheitsentziehung von 6 Monaten bis zu 5 Jahren wird der Täter bestraft, wenn er eine im Absatz 1 angeführte Tat erwerbsmäßig begeht.

§ 254

Verheimlichung einer Sache

1. Wer eine fremde Sache, die durch Fund, Irrtum oder sonstwie ohne Einwilligung der berechtigten Person in seine Macht gelangt ist, sich aneignet, wird mit Freiheitsentziehung bis zu einem Jahre oder Besserungsmaßnahme oder Geldstrafe bestraft.

2. Mit Freiheitsstrafe von 6 Monaten bis zu 5 Jahren wird der Täter bestraft, wenn er aus einer im Absatz 1 angeführten Tat einen erheblichen Vorteil zieht.

§ 255
Verletzung einer Pflicht bei der Verwaltung fremden Vermögens

1. Wer einem andern dadurch Schaden zufügt, daß er eine im Gesetz ihm auferlegte oder von ihm vertraglich übernommene Pflicht, für fremdes Vermögen zu sorgen oder es zu verwalten, verletzt, wird mit Freiheitsentziehung bis zu einem Jahre oder Besserungsmaßnahme oder Geldstrafe bestraft.

2. Mit Freiheitsentziehung von 6 Monaten bis zu 5 Jahren wird der Täter bestraft,

a) wenn er eine im Absatz 1 angeführte Tat als eine Person begeht, der ausdrücklich die Pflicht auferlegt wurde, die Interessen des Geschädigten zu wahren, oder

b) wenn er durch eine solche Tat einen erheblichen Schaden herbeiführt.

§ 256
Schädigung eines Gläubigers

1. Wer auch nur teilweise die Befriedigung seines Gläubigers vereitelt, indem er

a) einen Bestandteil seines Vermögens vernichtet, beschädigt, verheimlicht, veräußert oder beiseiteschafft, oder

b) ein nicht bestehendes Recht oder eine nicht bestehende Verbindlichkeit vorgibt oder anerkennt,

wird mit Freiheitsentziehung bis zu einem Jahre oder Besserungsmaßnahme oder Geldstrafe bestraft.

2. Ebenso wird bestraft, wer auch nur teilweise die Befriedigung des Gläubigers einer anderen Person vereitelt, indem er

a) einen Bestandteil des Vermögens des Schuldners vernichtet, beschädigt, verheimlicht, veräußert oder beiseiteschafft, oder

b) ein nicht bestehendes Recht oder eine nicht bestehende Verbindlichkeit gegen das Vermögen des Schuldners geltend macht.

3. Mit Freiheitsentziehung von 6 Monaten bis zu 3 Jahren wird der Täter bestraft, wenn er durch eine im Absatz 1 angeführte Tat einen erheblichen Schaden herbeiführt.

§ 257
Beschädigung einer fremden Sache

1. Wer eine fremde Sache von größerem Werte vernichtet, beschädigt oder unbrauchbar macht, wird mit Freiheitsentziehung bis zu einem Jahre oder Besserungsmaßnahme oder Geldstrafe bestraft.

2. Mit Freiheitsentziehung von 6 Monaten bis zu 3 Jahren wird der Täter bestraft,

a) wenn er eine im Absatz 1 angeführte Tat an der Sache eines Zeugen, Sachverständigen oder Dolmetschers wegen der Ausübung ihrer Pflichten begeht,

b) wenn er durch eine solche Tat einen erheblichen Schaden herbeiführt, oder

c) wenn er eine solche Tat an einer Sache begeht, die einen Schutz nach besonderen Vorschriften[25] genießt.

§ 258

Mißbrauch des Eigentums

Wer ein wichtiges kulturelles oder anderes wichtiges öffentliches Interesse dadurch schädigt, daß er eine eigene Sache, die einen Schutz nach besonderen Vorschriften[26] genießt, vernichtet, beschädigt, unbrauchbar macht oder verschachert, wird mit Freiheitsentziehung bis zu 2 Jahren oder Besserungsmaßnahme oder Geldstrafe oder Verfall der Sache bestraft.

ZEHNTES HAUPTSTÜCK

Straftaten gegen die Menschlichkeit

§ 259

Genocidium

1. Wer mit dem Vorsatze, ganz oder teilweise irgendeine nationale, ethnische, rassische oder religiöse Gruppe zu vernichten,

a) die Angehörigen einer solchen Gruppe in Lebensverhältnisse bringt, die ihre völlige oder teilweise physische Vernichtung herbeiführen sollen,

b) Maßnahmen durchführt, die darauf hinzielen, in einer solchen Gruppe die Geburt von Kindern zu verhindern,

c) Kinder aus einer solchen Gruppe in eine andere gewaltsam überführt, oder

d) einem Angehörigen einer solchen Gruppe einen schweren Nachteil an der Gesundheit oder den Tod zufügt,

wird mit Freiheitsentziehung von 12 bis 15 Jahren oder mit dem Tode bestraft.

2. Ebenso wird bestraft, wer an einer im Absatz 1 angeführten Tat teilnimmt.

---

[25]) z. B. nach dem Ges. v. 17. 4. 1958, Nr. 22 Sb., über den Schutz von Kulturdenkmälern.

[26]) z. B. nach dem Ges. v. 17. 4. 1958, Nr. 22 Sb., über den Schutz von Kulturdenkmälern.

Unterstützung und Propagierung des Faschismus oder einer ähnlichen Bewegung

§ 260

1. Wer den Faschismus oder eine andere, ähnliche Bewegung, die auf Unterdrückung der Rechte und Freiheiten des arbeitenden Volkes hinzielt oder nationalen, rassischen oder religiösen Haß verkündet, unterstützt oder propagiert, wird mit Freiheitsentziehung von einem Jahr bis zu 5 Jahren bestraft.

2. Mit Freiheitsentziehung von 3 bis 8 Jahren wird der Täter bestraft,

a) wenn er eine im Absatz 1 angeführte Tat durch Druck, Film, Rundfunk, Fernsehen oder auf eine andere ähnlich wirkende Weise begeht oder

b) eine solche Tat während der Wehrbereitschaft des Staates begeht.

§ 261

Wer gegenüber dem Faschismus oder einer anderen im § 260 genannten Bewegung offene Sympathie zum Ausdruck bringt, wird mit Freiheitsentziehung von 6 Monaten bis zu 3 Jahren bestraft.

§ 262

Verwendung eines verbotenen Kampfmittels

1. Wer während eines Krieges oder einer Kampfsituation

a) die Verwendung eines verbotenen Kampfmittels anordnet oder

b) ein solches Mittel vorsätzlich verwendet,

wird mit Freiheitsentziehung von 2 bis 7 Jahren bestraft.

2. Mit Freiheitsentziehung von 5 bis 15 Jahren oder mit dem Tode wird der Täter bestraft, wenn er durch eine im Absatz 1 angeführte Tat eine besonders schwere Folge herbeiführt.

§ 263

Grausamkeit im Kriege

1. Wer während eines Krieges die Vorschriften des Völkerrechts verletzt, indem er mit wehrloser Zivilbevölkerung, Überläufern, Verwundeten, mit Angehörigen bewaffneter Kräfte, die ihre Waffen bereits niedergelegt haben, oder mit Kriegsgefangenen unmenschlich umgeht, wird mit Freiheitsentziehung von 3 bis 10 Jahren bestraft.

2. Mit Freiheitsentziehung von 8 bis 15 Jahren oder mit dem Tode wird der Täter bestraft, wenn er durch eine im Absatz 1 angeführte Tat einen schweren Nachteil an der Gesundheit oder den Tod herbeiführt.

§ 264

Plünderung im Raume von Kriegsoperationen

Wer im Raume von Kriegsoperationen, auf einem Kampfplatze oder an Orten, die von Kriegsoperationen betroffen sind,

a) unter Ausnutzung der Notlage eines anderen sich einer fremden Sache bemächtigt,

b) eigenmächtig fremdes Vermögen vernichtet oder unter dem Vorwand von Kriegsbedarf wegnimmt, oder

c) Gefallene bestiehlt,

wird mit Freiheitsentziehung von 3 bis 15 Jahren oder mit dem Tode bestraft.

§ 265

Mißbrauch der Bezeichnung des Roten Kreuzes

Wer während der Wehrbereitschaft des Staates unberechtigt[27] eine Bezeichnung des Roten Kreuzes oder eine andere Bezeichnung oder eine Farbe, mit denen Gesundheitseinrichtungen oder Verkehrsmittel der gesundheitlichen Evakuierung bezeichnet sind, verwendet, wird mit Freiheitsentziehung von 6 Monaten bis zu 3 Jahren bestraft.

ELFTES HAUPTSTÜCK

Straftaten gegen die Wehrfähigkeit

§ 266

Beeinträchtigung der Diensttauglichkeit

1. Wer sich oder einen anderen für dauernd oder Zeit untauglich oder mindertauglich zur Erfüllung der Wehrpflicht oder anderer Aufgaben der Verteidigung des Vaterlandes macht, wird mit Freiheitsentziehung von 6 Monaten bis zu 5 Jahren bestraft.

2. Mit Freiheitsentziehung von 3 bis 10 Jahren wird der Täter bestraft, wenn er eine im Absatz 1 angeführte Tat während der Wehrbereitschaft des Staates begeht.

§ 267

Nichterfüllung der Stellungspflicht

1. Wer mit dem Vorsatz, seiner Stellungspflicht nicht nachzukommen oder die Erfüllung dieser Pflicht hinauszuschieben, zur Stel-

---

27) vgl. Ges v. 30. 10. 1952, Nr. 60 Sb. i. d. F. der K v. 29. 4. 1958, Nr. 17 Sb., über das Csl. Rote Kreuz und über den Gebrauch des Zeichens, Abzeichens und der Bezeichnung des Roten Kreuzes; dazu K des csl. Gesundheitsministers v. 29. 4. 1958, U. 1. Seite 227.

lung, Überprüfung oder Kranken- oder Auswahluntersuchung nicht erscheint, wird mit Freiheitsentziehung bis zu einem Jahre oder Besserungsmaßnahme bestraft.

2. Mit Freiheitsentziehung von 6 Monaten bis zu 3 Jahren wird der Täter bestraft, wenn er eine im Absatz 1 angeführte Tat während der Wehrbereitschaft des Staates begeht.

§ 268

Umgehung der Wehrpflicht

1. Wer mit dem Vorsatz, Erleichterungen in der Erfüllung seiner Wehrpflicht zu erlangen, arglistige Handlungen begeht, wird mit Freiheitsentziehung bis zu einem Jahre oder Besserungsmaßnahme bestraft.

2. Wer arglistische Handlungen begeht mit dem Vorsatz,

a) selbst ganz oder teilweise der Erfüllung der Wehrpflicht zu entgehen, oder

b) einen anderen ganz oder teilweise der Erfüllung der Wehrpflicht zu entziehen,

wird mit Freiheitsentziehung von 6 Monaten bis zu 2 Jahren bestraft.

3. Mit Freiheitsentziehung von einem Jahre bis zu 5 Jahren wird der Täter bestraft, wenn er eine im Absatz 1 oder 2 angeführte Tat während der Wehrbereitschaft des Staates begeht.

Nichtantritt des Dienstes bei den bewaffneten Kräften

§ 269

1. Wer mit dem Vorsatz, sich dauernd der Ableistung des Militärdienstes oder eines besonderen Dienstes zu entziehen, binnen 24 Stunden nach Ablauf der im Einberufungsbefehl festgesetzten Frist den Dienst bei den bewaffneten Kräften nicht antritt, wird mit Freiheitsentziehung von einem Jahre bis zu 5 Jahren bestraft.

2. Mit Freiheitsentziehung von 2 bis 10 Jahren wird der Täter bestraft, wenn er eine im Absatz 1 angeführte Tat während der Wehrbereitschaft des Staates begeht.

§ 270

1. Wer auch nur aus Fahrlässigkeit den Dienst bei den bewaffneten Kräften binnen 24 Stunden nach Ablauf der im Einberufungsbefehl festgesetzten Frist nicht antritt, wird mit Freiheitsentziehung bis zu 2 Jahren bestraft.

2. Mit Freiheitsentziehung von 6 Monaten bis zu 3 Jahren wird der Täter bestraft, wenn er eine im Absatz 1 angeführte Tat während der Wehrbereitschaft des Staates begeht.

§ 271

Wer nach Verkündung der Mobilmachung auch nur aus Fahrlässigkeit

a) nicht unverzüglich aus dem Ausland zum Antritt des Militärdienstes sich einfindet oder
b) der nach den Bestimmungen des Wehrgesetzes erfolgten Aufforderung zum Eintritt in den Militärdienst eines verbündeten Staates nicht Folge leistet,

wird mit Freiheitsentziehung von einem Jahre bis zu 5 Jahren bestraft.

§ 272

Verletzung persönlicher und sachlicher Pflichten

1. Wer auch nur aus Fahrlässigkeit eine persönliche oder sachliche Pflicht zur Verteidigung des Vaterlandes nicht erfüllt,

wer vorsätzlich der Erfüllung einer solchen Pflicht ausweicht oder

wer die Erfüllung einer solchen Pflicht durch eine andere Person auch nur fahrlässig vereitelt oder erschwert,

wird mit Freiheitsentziehung von 6 Monaten bis zu 3 Jahren oder Besserungsmaßnahme oder Geldstrafe bestraft.

2. Mit Freiheitsentziehung von 2 bis 8 Jahren wird der Täter bestraft, wenn er durch eine im Absatz 1 angeführte Tat in erheblichem Maße die Interessen der Verteidigung des Vaterlandes gefährdet.

ZWÖLFTES HAUPTSTÜCK

Militärstraftaten

Nichtbefolgung eines Befehls

§ 273

1. Wer es ablehnt, einen Befehl auszuführen, oder wer vorsätzlich einen Befehl nicht ausführt, wird mit Freiheitsentziehung bis zu 3 Jahren bestraft.

2. Mit Freiheitsentziehung von 2 bis 7 Jahren wird der Täter bestraft,

a) wenn er eine im Absatz 1 angeführte Tat mit einer Gruppe von Soldaten begeht,
b) wenn er eine solche Tat unter solchen Umständen begeht, daß er dadurch die Erfüllung einer wichtigen dienstlichen Aufgabe vereiteln oder wesentlich erschweren kann,

c) wenn er durch eine solche Tat einen schweren Nachteil an der Gesundheit oder den Tod herbeiführt oder
d) durch eine solche Tat die Gefährdung der Kampfbereitschaft einer Einheit oder eine andere besonders schwere Folge herbeiführt.

3. Mit Freiheitsentziehung von 5 bis 15 Jahren oder mit dem Tode wird der Täter bestraft, wenn er eine im Absatz 1 angeführte Tat während der Wehrbereitschaft des Staates oder während einer Kampfsituation begeht.

§ 274

1. Wer aus Fahrlässigkeit einen Befehl unter solchen Umständen, daß er dadurch die Erfüllung einer dienstlichen Aufgabe vereiteln oder wesentlich erschweren kann, nicht ausführt, wird mit Freiheitsentziehung bis zu einem Jahre bestraft.

2. Mit Freiheitsentziehung von 6 Monaten bis zu 5 Jahren wird der Täter bestraft,
a) wenn er durch eine im Absatz 1 angeführte Tat die Erfüllung einer wichtigen dienstlichen Aufgabe vereitelt oder wesentlich erschwert,
b) wenn er durch eine solche Tat einen schweren Nachteil an der Gesundheit oder den Tod herbeiführt oder
c) wenn er durch eine solche Tat die Gefährdung der Kampfbereitschaft einer Einheit oder eine andere besonders schwere Folge herbeiführt.

3. Mit Freiheitsentziehung von 3 bis 10 Jahren wird der Täter bestraft, wenn er eine im Absatz 1 angeführte Tat während der Wehrbereitschaft des Staates oder während einer Kampfsituation begeht.

§ 275

Widersetzung und Nötigung zur Verletzung einer militärischen Pflicht

1. Wer einem Soldaten, der seine militärischen Pflichten erfüllt, Widerstand leistet, oder ihn zur Verletzung einer militärischen Pflicht nötigt, wird mit Freiheitsentziehung bis zu 3 Jahren bestraft.

2. Mit Freiheitsentziehung von 2 bis 7 Jahren wird der Täter bestraft,
a) wenn er eine im Absatz 1 angeführte Tat mit einer Gruppe von Personen begeht,
b) wenn er eine solche Tat mit einer Waffe begeht,
c) wenn er durch eine solche Tat einen schweren Nachteil an der Gesundheit oder eine andere besonders schwere Folge herbeiführt, oder

d) wenn er eine solche Tat während einer Kampfsituation begeht.

3. Mit Freiheitsentziehung von 5 bis 15 Jahren oder mit dem Tode wird der Täter bestraft,

a) wenn er durch eine im Absatz 1 angeführte Tat den Tod herbeiführt, oder

b) wenn er eine im Absatz 2 Buchst. a) oder c) angeführte Tat während der Wehrbereitschaft des Staates oder während einer Kampfsituation begeht.

Angriff unter Soldaten

§ 276

Wer

a) einen Vorgesetzten oder Höheren,

b) einen Untergeordneten oder Niederen, oder

c) einen Soldaten gleichen Ranges, und zwar zu einer Zeit, da er selbst oder da der Angegriffene Dienst ausübt,

angreift, wird mit Freiheitsentziehung bis zu einem Jahre bestraft.

§ 277

1. Wer mit Gewalt oder durch Drohung mit unmittelbarer Gewaltanwendung

a) einen Vorgesetzten oder Höheren, oder

b) einen Untergeordneten oder Niederen

angreift, wird mit Freiheitsentziehung von 6 Monaten bis zu 2 Jahren bestraft.

2. Mit Freiheitsentziehung von einem Jahre bis zu 5 Jahren wird der Täter bestraft,

a) wenn er eine im Absatz 1 angeführte Tat zu einer Zeit begeht, da er selbst oder der Angegriffene Dienst ausübt,

b) wenn er eine solche Tat gegen eine militärische Wache begeht,

c) wenn er eine solche Tat mit einer Waffe oder mit wenigstens zwei Personen begeht oder

d) wenn er durch eine solche Tat eine Gesundheitsverletzung herbeiführt.

§ 278

1. Wer mit Gewalt oder durch Drohung mit unmittelbarer Gewaltanwendung einen Soldaten gleichen Ranges zu einer Zeit, da er selbst oder der Angegriffene Dienst ausübt, angreift, wird mit Freiheitsentziehung von 6 Monaten bis zu 2 Jahren bestraft.

2. Mit Freiheitsentziehung von einem Jahre bis zu 5 Jahren wird der Täter bestraft,

a) wenn er eine im Absatz 1 angeführte Tat gegen eine militärische Wache begeht,
b) wenn er eine solche Tat mit einer Waffe oder mit wenigstens zwei Personen begeht oder
c) wenn er durch eine solche Tat eine Gesundheitsverletzung herbeiführt.

§ 279

Gewalt gegen einen Vorgesetzten

1. Wer gegen einen Vorgesetzten

a) mit dem Vorsatz, auf dessen Ausübung der militärischen Pflichten einzuwirken, oder
b) wegen der Ausübung der militärischen Pflichten

Gewalt anwendet, wird mit Freiheitsentziehung von 6 Monaten bis zu 5 Jahren bestraft.

2. Mit Freiheitsentziehung von 3 bis 10 Jahren wird der Täter bestraft,

a) wenn er durch eine im Absatz 1 angeführte Tat versucht, einen schweren Nachteil an der Gesundheit herbeizuführen, oder
b) durch eine solche Tat einen schweren Nachteil an der Gesundheit herbeiführt.

3. Mit Freiheitsentziehung von 10 bis 15 Jahren oder mit dem Tode wird der Täter bestraft,

a) wenn er durch eine im Absatz 1 angeführte Tat den Tod herbeiführt oder
b) eine solche Tat während der Wehrbereitschaft des Staates oder während einer Kampfsituation begeht.

Drücken von der Ausübung des Militärdienstes

§ 280

1. Wer mit dem Vorsatz, sich vom Militärdienste oder vor der Erfüllung militärischer Pflichten zu drücken, sich an der Gesundheit beschädigt, eine Krankheit vortäuscht, eine Urkunde fälscht, sich betrinkt oder sich eines anderen Schlichs bedient, oder

wer es ablehnt, Militärdienst zu leisten,

wird mit Freiheitsentziehung von 6 Monaten bis zu 5 Jahren bestraft.

2. Mit Freiheitsentziehung von 5 bis 15 Jahren oder mit dem Tode wird der Täter bestraft, wenn er eine im Absatz 1 angeführte Tat während der Wehrbereitschaft des Staates oder während einer Kampfsituation begeht.

§ 281

Wer während einer Kampfsituation fahrlässig sich dadurch unfähig zur Ausübung des Dienstes macht, daß er sich betrinkt, wird mit Freiheitsentziehung von einem Jahre bis zu 5 Jahren bestraft.

§ 282

Fahnenflucht

1. Wer sich eigenmächtig entfernt mit dem Vorsatz, sich dem Militärdienste zu entziehen, wird mit Freiheitsentziehung von 6 Monaten bis zu 5 Jahren bestraft.

2. Mit Freiheitsentziehung von 5 bis 15 Jahren oder mit dem Tode wird der Täter bestraft, wenn er die im Absatz 1 angeführte Tat während der Wehrbereitschaft des Staates begeht.

§ 283

Fahnenflucht ins Ausland

1. Wer sich eigenmächtig ins Ausland entfernt mit dem Vorsatz, sich dem Militärdienste zu entziehen, wird mit Freiheitsentziehung von einem Jahre bis zu 7 Jahren bestraft.

2. Mit Freiheitsentziehung von 7 bis zu 15 Jahren oder mit dem Tode wird der Täter bestraft, wenn er die im Absatz 1 angeführte Tat während der Wehrbereitschaft des Staates begeht.

§ 284

Eigenmächtige Entfernung

1. Wer sich eigenmächtig auf die Dauer von mehr als 24 Stunden entfernt, wird mit Freiheitsentziehung bis zu 6 Monaten bestraft.

2. Wer sich eigenmächtig nach vorgefaßtem Plan oder auf länger als 6 Tage entfernt, oder

wer sich eigenmächtig auf länger als 2 Tage in einer Zeit der Erfüllung besonders wichtiger Aufgaben oder besonders wichtiger Übungen entfernt,

wird mit Freiheitsentziehung bis zu einem Jahre bestraft.

3. Wer sich eigenmächtig auf länger als 14 Tage entfernt oder

wer sich eigenmächtig auf länger als 6 Tage in einer Zeit der Erfüllung besonders wichtiger Aufgaben oder besonders wichtiger Übungen entfernt,

wird mit Freiheitsentziehung von 6 Monaten bis zu 5 Jahren bestraft.

§ 285
Verletzung von Wachdienstpflichten

1. Wer beim Wachdienst oder bei einem anderen ähnlichen Dienste auch nur fahrlässig die Vorschriften oder Regeln dieses Dienstes oder nach diesen erteilte besondere Anordnungen verletzt, wird mit Freiheitsentziehung bis zu einem Jahre bestraft.

2. Mit Freiheitsentziehung von einem Jahre bis zu 5 Jahren wird der Täter bestraft,

a) wenn er eine im Absatz 1 angeführte Tat bei Ausübung eines Wachdienstes, der besonders wichtige staatliche oder militärische Bedeutung hat, begeht,

b) wenn er eine solche Tat durch besonders grobe Pflichtverletzung begeht,

c) wenn er durch eine solche Tat eine schädliche Folge, auf deren Abwendung die Ausübung des Wachdienstes oder eines anderen ähnlichen Dienstes hinzielen sollte, herbeiführt, oder

d) wenn er eine solche Tat während der Wehrbereitschaft des Staates begeht.

3. Mit Freiheitsentziehung von 10 bis 15 Jahren oder mit dem Tode wird der Täter bestraft, wenn er eine im Absatz 1 angeführte Tat während einer Kampfsituation vorsätzlich begeht und einer der im Absatz 2 Buchst. a) und c) angeführten Umstände vorliegt.

§ 286
Verletzung von Aufsichtsdienstpflichten

1. Wer bei einem Aufsichtsdienst oder bei einem anderen ähnlichen Dienst in erheblicher Weise auch nur fahrlässig die Vorschriften oder Regeln dieses Dienstes verletzt, wird mit Freiheitsentziehung bis zu 6 Monaten bestraft.

2. Mit Freiheitsentziehung bis zu 2 Jahren wird der Täter bestraft, wenn er durch eine im Absatz 1 angeführte Tat eine besonders schwere Folge, die er zu verhindern verpflichtet war, herbeiführt.

3. Mit Freiheitsentziehung von einem Jahre bis zu 5 Jahren wird der Täter bestraft, wenn er eine im Absatz 1 angeführte Tat während einer Kampfsituation begeht.

§ 287
Verletzung von Dienstpflichten bei der Verteidigung des Luftraumes

1. Wer auch nur fahrlässig die Dienstregeln in radiotechnischen Meldestellen, in Bereitschaftseinheiten oder in anderen Einrichtungen, die die Sicherheit des Luftraums gewährleisten sollen, verletzt, wird mit Freiheitsentziehung von 6 Monaten bis zu 3 Jahren bestraft.

2. Mit Freiheitsentziehung von 3 bis 10 Jahren wird der Täter bestraft, wenn er durch eine im Absatz 1 angeführte Tat eine besonders schwere Folge herbeiführt.

3. Mit Freiheitsentziehung von 10 bis 15 Jahren oder mit dem Tode wird der Täter bestraft, wenn er eine im Absatz 1 angeführte Tat während der Wehrbereitschaft des Staates begeht und dadurch eine besonders schwere Folge herbeiführt.

§ 288

Gefährdung des politischen und moralischen Zustands einer Einheit

1. Wer Soldaten gegen den militärischen Dienst oder gegen einen Vorgesetzten aufhetzt,

wer Kleinmut verbreitet, oder

wer sonstwie systematisch die Disziplin untergräbt,

wird mit Freiheitsentziehung von 6 Monaten bis zu 3 Jahren bestraft.

2. Mit Freiheitsentziehung von 5 bis 15 Jahren oder mit dem Tode wird der Täter bestraft, wenn er eine im Absatz 1 angeführte Tat während einer Kampfsituation begeht.

§ 289

Feigheit vor dem Feinde

Wer sich während einer Kampfsituation aus Feigheit oder Kleinmut in Gefangenschaft begibt, wird mit Freiheitsentziehung von 10 bis 15 Jahren oder mit dem Tode bestraft.

§ 290

Nichterfüllung einer Kampfaufgabe

1. Wer sich ohne Erlaubnis während einer Kampfsituation entfernt, wird mit Freiheitsentziehung von 3 bis 15 Jahren oder mit dem Tode bestraft.

2. Wer sich während einer Kampfsituation seiner Pflicht zur Erfüllung einer Kampfaufgabe entzieht oder den Waffengebrauch ablehnt, wird mit Freiheitsentziehung von 10 bis 15 Jahren oder mit dem Tode bestraft.

§ 291

Aufgabe von Kampfmitteln

1. Wer während einer Kampfsituation eine Waffe oder anderes Kriegsmaterial wegwirft, verläßt oder unbrauchbar macht, wird mit Freiheitsentziehung von 2 bis 7 Jahren bestraft.

2. Mit Freiheitsentziehung von 5 bis 15 Jahren oder mit dem Tode wird der Täter bestraft, wenn er durch eine im Absatz 1 angeführte Tat eine besonders schwere Folge herbeiführt.

§ 292

Auslieferung von Kampfmitteln an den Feind

Ein Kommandeur, der, ohne daß dies durch die Kampfsituation bedingt war, dem Feinde auch nur fahrlässig militärische Kräfte ausliefert oder ihm eine Befestigung, eine Kampftechnik oder andere Kampfmittel überläßt, wird, wenn er nicht mit dem Vorsatz handelte, den Feind zu unterstützen, mit Freiheitsentziehung von 3 bis 15 Jahren oder mit dem Tode bestraft.

§ 293

Verletzung eines Parlamentärs

Wer einen Parlamentär oder ein Mitglied von dessen Begleitung verletzt, oder

wer eine solche Person widerrechtlich zurückhält,
wird mit Freiheitsentziehung bis zu 2 Jahren bestraft.

Gemeinsame Bestimmungen

§ 294

1. Wenn die Umstände des Falles es rechtfertigen, können folgende Straftaten disziplinär erledigt werden: Nichtantritt des Dienstes in den bewaffneten Kräften gemäß § 270, Nichtbefolgung eines Befehls gemäß § 273 Abs. 1 und § 274 Abs. 1, Widersetzung und Nötigung zur Verletzung einer militärischen Pflicht gemäß § 275 Abs. 1, Angriff unter Soldaten gemäß § 276, § 277 Abs. 1 und § 278 Abs. 1, Drücken von der Ausübung des Militärdienstes gemäß § 280 Abs. 1, § 281, eigenmächtige Entfernung gemäß § 284 Abs. 1 und 2, Verletzung von Wachdienstpflichten gemäß § 285 Abs. 1, Verletzung von Aufsichtsdienstpflichten gemäß § 286 Abs. 1, Verletzung von Dienstpflichten bei der Verteidigung des Luftraums gemäß § 287 Abs. 1 und Gefährdung des politischen und moralischen Zustands einer Einheit gemäß § 288 Abs. 1.

2. Wenn der Grad der Gefährlichkeit für die Gesellschaft bei einer anderen Straftat als den im Absatz 1 aufgeführten Straftaten gering ist und die Erwartung begründet ist, daß die Mittel der disziplinären Erledigung zur Erreichung des mit diesem Gesetz verfolgten Zweckes ausreichen, kann die Bestrafung des Täters dem zuständigen Kommandeur oder Vorgesetzten überlassen werden.

§ 295

Eigenmächtig entfernt sich, wer

a) sich ohne Erlaubnis von seiner Einheit oder von dem Orte, in den er dienstlich zugeteilt wurde, entfernt hat,

b) sich nicht bei seiner Einheit oder an dem Orte, in den er dienstlich zugeteilt wurde, gemeldet hat, obwohl er dorthin gesandt wurde oder obwohl die Zeit seiner begründeten Abwesenheit, insbesondere bei einer Einsetzung, Versetzung, Dienstreise oder bei einem Urlaub, verstrichen ist,

c) während Kampfaktionen von seiner Einheit versprengt worden ist und sich nach Wegfall der Ursache seiner Versprengung nicht seiner oder einer anderen militärischen Einheit angeschlossen hat, oder

d) nach Rückkehr oder nach Befreiung aus feindlicher Gefangenschaft sich nicht bei einer militärischen Einheit gemeldet hat.

Dritter Teil

ÜBERGANGS- UND SCHLUSSBESTIMMUNGEN

§ 296

1. Eine vor Inkrafttreten dieses Gesetzes rechtskräftig verhängte Strafe für eine Tat, die keine Straftat nach diesem Gesetze ist, wird nicht vollstreckt; die Bestimmungen dieses Gesetzes über die Gesamtstrafe werden in einem solchen Falle nicht angewendet.

2. Die Bestimmung des Absatzes 1 bezieht sich nicht auf die Straftaten nach dem Dekret des Präsidenten der Republik Nr. 16/1945 Sb., über die Bestrafung nazistischer Verbrecher, Verräter und ihrer Helfer, und nach der Verordnung des Slowakischen Nationalrats Nr. 33/1945 Sb. SNR, über die Bestrafung faschistischer Verbrecher, Okkupanten, Verräter und Kollaborateure, und über die Errichtung der Volksgerichtsbarkeit, in der Fassung der sie abändernden und ergänzenden Vorschriften.

§ 297

1. Wenn bis zum Tage des Inkrafttretens dieses Gesetzes eine nicht vollstreckte Strafe der Freiheitsentziehung oder ihr Rest, gegebenenfalls die Zusammenrechnung solcher nacheinander verhängten Strafen oder ihre Reste, mehr als 15 Jahre beträgt, kürzt das Gericht die Strafe, gegebenenfalls die nacheinander verhängten Strafen, verhältnismäßig so, daß die nichtvollstreckte Strafe der Freiheitsentziehung oder ihr Rest bis zum Tage des Inkrafttretens dieses Gesetzes 15 Jahre beträgt.

2. Wenn bis zum Tage des Inkrafttretens dieses Gesetzes eine nichtvollstreckte Strafe des Tätigkeitsverbots oder ihr Rest mehr als 5 Jahre beträgt, kürzt das Gericht diese Strafe oder ihre Reste

so, daß sie bis zum Tage des Inkrafttretens dieses Gesetzes 5 Jahre beträgt.

3. Wenn vor dem Inkrafttreten dieses Gesetzes rechtskräftig verhängt wurden:

a) die Strafe des Verlustes der bürgerlichen Ehrenrechte oder eine andere ähnliche Strafe nach einem früher geltenden Gesetze, endet der Verlust des Wahlrechts und des Rechts, die Funktion eines Richters und Volksrichters auszuüben, mit dem Tage des Inkrafttretens dieses Gesetzes,

b) die Strafe des Ausschlusses aus der Armee, wird sie als nicht verhängt angesehen,

c) eine Geldstrafe, wird im Falle ihrer Uneinbringlichkeit nicht die Ersatzstrafe der Freiheitsentziehung oder ihr Rest vollstreckt,

d) die Strafe des Aufenthaltsverbots, wird sie nach Inkrafttreten dieses Gesetzes nicht vollstreckt, gegebenenfalls endet ihre Vollstreckung mit dem Tage des Inkrafttretens dieses Gesetzes,

e) die Strafe der Urteilsveröffentlichung, wird sie nach Inkrafttreten dieses Gesetzes nicht vollstreckt.

§ 298

Die Bestimmungen dieses Gesetzes über bedingte Entlassung und bedingtes Absehen von der Vollstreckung des Restes der Strafe des Tätigkeitsverbots werden mit Ausnahme der Bestimmungen des § 62 auch auf Strafen angewendet, die vor Inkrafttreten dieses Gesetzes verhängt worden sind.

§ 299

Die obere Grenze des zweiten Satzes der in § 1 Abs. 2 des Ges. Nr. 165/1950 Sb. zum Schutze des Friedens vorgesehenen Strafe der Freiheitsentziehung wird auf 15 Jahre herabgesetzt.

§ 300

Aufgehoben werden:

1. das Strafgesetz Nr. 86/1950 Sb.,
2. das Ges. Nr. 63/1956 Sb. betr. die Abänderung und Ergänzung des Strafgesetzes Nr. 86/1950 Sb.,
3. die Bestimmungen der §§ 4 bis 6 des Ges. Nr. 68/1957 Sb. über die künstliche Schwangerschaftsunterbrechung.

§ 301

Dieses Gesetz tritt am 1. Januar 1962 in Kraft.

GESETZ VOM 20. DEZEMBER 1950, NR. 165 SB., ZUM SCHUTZ DES FRIEDENS[28)]

Die Nationalversammlung der CSR hat folgendes Gesetz beschlossen:

Das csl Volk hat sich im Geiste seiner fortschrittlichen Traditionen, nach den schrecklichen Erfahrungen des Krieges und der faschistischen Okkupation, entschlossen, in Frieden und Ruhe ein neues und gerechtes Leben und eine glückliche und fröhliche Heimat aufzubauen; es hat sich entschlossen, in seinem Vaterlande den Sozialismus aufzubauen.

Das csl Volk steht fest im Lager des Friedens, entschlossen, den Weltfrieden, der durch Anstifter eines neuen Krieges bedroht wird, zu verteidigen. Es hat mit Begeisterung die Aufforderung des Zweiten Weltkongresses der Verteidiger des Friedens als einen Ausdruck unumstößlicher Entschlossenheit aller ehrlichen Menschen auf der Welt, den Frieden zu verteidigen und einen neuen Krieg zu verhindern, aufgenommen.

Es hat schon in seinen neuen volksdemokratischen Gesetzen klar seinen Willen zum Ausdruck gebracht, das friedliche Zusammenleben der Völker zu schützen und alle, die den Frieden gefährden, zu bestrafen. Im Bewußtsein dessen, daß die Anstifter eines neuen Krieges ihre Kriegsdrohungen und ihre Propaganda für einen neuen Krieg steigern und zu offenen Angriffshandlungen übergehen, erläßt das csl. Volk das Gesetz zum Schutze des Friedens, um damit die Bemühungen um den Weltfrieden und um die internationale Solidarität erneut zu stärken und noch wirksamer zu unterstützen.

Deshalb wird bestimmt:

§ 1

1. Wer es versucht, das friedliche Zusammenleben der Völker zu stören, indem er auf irgendeine Art zum Kriege hetzt, den Krieg propagiert oder Kriegspropaganda sonstwie unterstützt, begeht eine Straftat gegen den Frieden.

2. Der Täter wird mit Freiheitsentziehung von einem Jahre bis zu 10 Jahren bestraft; er wird mit Freiheitsentziehung von 10 bis 15 Jahren bestraft, wenn er eine im Absatz 1 angeführte Tat begeht

a) als Mitglied einer Vereinigung,
b) in bedeutendem Umfange oder
c) wenn ein anderer besonders erschwerender Umstand vorliegt.

§ 2

Dieses Gesetz tritt mit dem Tage seiner Verkündung in Kraft; es wird von allen Mitgliedern der Regierung durchgeführt.

[28)] in der Fassung des § 299 des Strafgesetzes Nr. 140/1961 Sb.

GESETZ VOM 19. DEZEMBER 1957, NR. 68 SB., ÜBER DIE KÜNSTLICHE SCHWANGERSCHAFTS-UNTERBRECHUNG

Die Nationalversammlung der CSR hat folgendes Gesetz beschlossen:

§ 1

Einführungsbestimmung

Im Interesse einer weiteren Ausdehnung der Fürsorge für eine gesunde Entwicklung der Familie, die durch Schäden bedroht wird, welche bei der künstlichen Schwangerschaftsunterbrechung infolge von Eingriffen gewissenloser Personen und außerhalb der Gesundheitseinrichtungen an Gesundheit und Leben der Frauen angerichtet werden, regelt dieses Gesetz die künstliche Schwangerschaftsunterbrechung.

Voraussetzungen einer künstlichen Schwangerschaftsunterbrechung

§ 2

1. Eine Schwangerschaft darf nur mit Zustimmung der Schwangeren und nach vorheriger Einholung der Genehmigung künstlich unterbrochen werden; wenn die Schwangere völlig geschäftsunfähig ist oder wegen Geistesstörung überhaupt unfähig ist, für ihre Angelegenheiten selbst zu sorgen, darf ihre Zustimmung durch die Zustimmung ihres gesetzlichen Vertreters ersetzt werden.

2. Die Schwangerschaft darf nur in einer mit Betten versehenen Einrichtung des Gesundheitswesens künstlich unterbrochen werden.

§ 3

1. Über die Genehmigung zur künstlichen Schwangerschaftsunterbrechung entscheidet auf Ersuchen der Schwangeren (ihres gesetzlichen Vertreters) die hierfür errichtete Kommission.

2. Die Genehmigung zur künstlichen Schwangerschaftsunterbrechung darf nur aus gesundheitlichen Gründen oder aus anderen besonders berücksichtigungswürdigen Gründen erteilt werden.

(§§ 4—6 aufgehoben durch § 300 Nr. 3 StG)

Schlußbestimmungen

§ 7

Das Gesundheitsministerium erläßt im Einvernehmen mit dem Justizministerium die zur Durchführung dieses Gesetzes erforderlichen Vorschriften, insbesondere über die gesundheitlichen und anderen besonders berücksichtigungswürdigen Gründe (§ 3 Abs. 2), über die Organisation der Kommissionen und über das von diesen Kommissionen durchzuführende Verfahren (§ 3 Abs. 1).

§ 8

1. Die Bestimmung des § 218 des Strafgesetzes Nr. 86/1950 Sb. wird aufgehoben.

2. Eine vor Inkrafttreten dieses Gesetzes rechtskräftig verhängte Strafe wegen der Tötung einer menschlichen Leibesfrucht gemäß § 218 Abs. 1 des Strafgesetzes wird nicht vollstreckt. Wenn eine solche Strafe als Gesamt- oder Zusatzstrafe verhängt wurde, ist die Bestimmung des § 392 StPO entsprechend anzuwenden.

3. Eine vor Inkrafttreten dieses Gesetzes wegen Tötung einer menschlichen Leibesfrucht gemäß § 218 Abs. 1 des Strafgesetzes verurteilte Täterin wird vom Tage des Inkrafttretens dieses Gesetzes an angesehen, als ob sie nicht verurteilt worden wäre.

§ 9

Dieses Gesetz tritt mit dem Tage seiner Verkündung in Kraft; es wird von den Ministern für Gesundheitswesen und Justiz im Einvernehmen mit den beteiligten Mitgliedern der Regierung durchgeführt.

KUNDMACHUNG DES GESUNDHEITSMINISTERIUMS VOM 13. SEPTEMBER 1961, NR. 104 SB., ÜBER DIE KÜNSTLICHE SCHWANGERSCHAFTS-UNTERBRECHUNG

Das Gesundheitsministerium bestimmt im Einvernehmen mit dem Justizministerium gemäß § 7 des Ges. Nr. 68/1957 Sb. über die künstliche Schwangerschaftsunterbrechung und § 5 Abs. 3 des Ges. Nr. 103/1951 Sb. über eine einheitliche Präventiv- und Heilfürsorge i. d. F. des Ges. Nr. 17/1957 Sb.[29]:

§ 1

Nach dem Ges. Nr. 68/1957 Sb. über die künstliche Schwangerschaftsunterbrechung darf eine Schwangerschaft nur mit Zustimmung der Schwangeren nach vorheriger Einholung der Genehmigung und nur in einer mit Betten versehenen Einrichtung des Gesundheitswesens künstlich unterbrochen werden; die Genehmigung darf nur aus gesundheitlichen oder aus anderen besonders berücksichtigungswürdigen Gründen erteilt werden.

[29]) Ges. v. 19. 12. 1951, Nr. 103 Sb., über eine einheitliche Präventiv- und Heilfürsorge; abgeändert und ergänzt durch Ges. v. 6. 3. 1957, Nr. 17 Sb.; in der neuen Fassung bekanntgemacht durch Kundmachung des Gesundheitsministers v. 8. 3. 1957, Nr. 19 Sb.

§ 2

1. Die gesundheitlichen Gründe (Indikation), die zur künstlichen Schwangerschaftsunterbrechung berechtigen, sind in der Anlage zu dieser Kundmachung aufgeführt[30].

2. Als andere besonders berücksichtigungswürdige Gründe, die zur künstlichen Schwangerschaftsunterbrechung berechtigen, sind namentlich anzusehen:

a) fortgeschrittenes Alter der Schwangeren,
b) wenigstens drei lebende Kinder,
c) Verlust des Ehegatten oder dessen Invalidität,
d) Zerrüttung der Familie,
e) Bedrohung des Lebensniveaus in Fällen, in denen die wirtschaftliche Verantwortung für den Unterhalt der Familie oder des Kindes überwiegend bei der Schwangeren liegt,
f) schwierige Lage, die durch die Schwängerung eines unverheirateten Weibes entstanden ist,
g) ein Umstand, der beweist, daß es durch Notzucht oder eine andere Straftat zur Schwängerung gekommen ist.

3. Eine künstliche Schwangerschaftsunterbrechung darf nicht genehmigt werden, wenn folgende gesundheitliche Gründe gegen eine Schwangerschaftsunterbrechung (Kontraindikation) vorliegen:

a) eine Schwangerschaft, die älter als 3 Monate ist,
b) akute oder chronische Entzündungskrankheiten der Geschlechtsorgane,
c) Eiterherde, die eine erfolgreiche Durchführung des Eingriffs gefährden,
d) eine grassierende, akute, übertragbare Krankheit,
e) wenn in den letzten 6 Monaten schon eine Schwangerschaftsunterbrechung durchgeführt worden ist.

Auch bei Kontraindikation kann die Schwangerschaft künstlich unterbrochen werden, wenn die Fortsetzung der Schwangerschaft das Leben der Schwangeren gefährden würde.

Wenn einer der Elternteile an einer schweren Erbkrankheit leidet, kann eine künstliche Schwangerschaftsunterbrechung genehmigt werden, auch wenn die Schwangerschaft älter als 3 Monate ist oder in den letzten 3 Monaten eine Schwangerschaft künstlich unterbrochen wurde.

4. Bei der Beurteilung, ob eine künstliche Schwangerschaftsunterbrechung genehmigt werden soll, ist nicht nur der Hauptgrund, sondern auch die aus der Summe der gesundheitlichen Störungen und

---

[30]) Die Anlage (Sb. 1961, S. 363—367) enthält auf 5 Druckseiten ein umfangreiches „Verzeichnis der Krankheiten, die eine medizinische Indikation zur künstlichen Schwangerschaftsunterbrechung bilden“.

sozialen Voraussetzungen sich ergebende Gesamtsituation der Schwangeren zu berücksichtigen.

5. Bei Schwangeren, die bisher noch nicht geboren haben, sind besonders sorgfältig alle gesundheitlichen und anderen Gründe unter Berücksichtigung der Gefahr, daß nach der ersten Schwangerschaftsunterbrechung Unfruchtbarkeit entsteht, zu erwägen.

§ 3

1. Eine Schwangere, die um künstliche Unterbrechung der Schwangerschaft ersucht, wendet sich entweder unmittelbar oder durch Vermittlung des sie behandelnden Arztes an den Vorstand der Frauen- und Geburtsabteilung des Krankenhauses mit Poliklinik, das nach dem Ort des ständigen Aufenthalts der Schwangeren für diese zuständig ist, und teilt ihm ihre Gründe mit. Sie kann sich aber auch an den Vorstand der Frauen- und Geburtsabteilung eines Krankenhauses mit Poliklinik wenden, das nach dem Ort ihres ständigen Aufenthalts nicht zuständig ist, und zwar auch dann, wenn es in einem anderen Bezirk liegt.

2. Der Vorstand der Frauen- und Geburtsabteilung des Krankenhauses mit Poliklinik legt das Gesuch der Kommission vor. Die Kommission wird bei der Bezirksanstalt für Volksgesundheit bei jedem Krankenhaus mit Poliklinik gebildet. Sie besteht aus drei Mitgliedern und setzt sich zusammen aus dem Direktor des Krankenhauses mit Poliklinik oder seinem beglaubigten Vertreter, die die Verhandlungen leiten (Vorsitzender der Kommission), und aus dem Vorstand der Frauen- und Geburtsabteilung des Krankenhauses mit Poliklinik. Der Bezirksnationalausschuß ernennt ein weiteres Mitglied und dessen Ersatzmann aus den Reihen der Abgeordneten des Nationalausschusses. Der Vorsitzende der Kommission kann im Bedarfsfalle zu den Verhandlungen als Fachberater einen weiteren Fachmann, auf dessen Fachgebiet sich die medizinische Indikation oder Kontraindikation bezieht, hinzuziehen.

3. Wenn dem Gesuch nicht entsprochen wird, ist die Schwangere über die Möglichkeit, eine Überprüfung durch die Kreiskommission zu verlangen, mit der Maßgabe zu belehren, daß sie, wenn sie von dieser Möglichkeit Gebrauch macht, dies unverzüglich tun muß. Diese Kommission ist entsprechend der Bezirkskommission zusammengesetzt.

§ 4

Das Gesuch muß zweckmäßig und so schnell bearbeitet werden, daß die künstliche Schwangerschaftsunterbrechung binnen 14 Tagen, spätestens aber vor Ablauf von drei Monaten nach Beginn der Schwangerschaft durchgeführt werden könnte, sofern es sich nicht um Fälle handelt, in denen die künstliche Schwangerschaftsunterbrechung nach Ablauf von drei Monaten Schwangerschaft durchgeführt werden kann.

§ 5

Die Durchführung der künstlichen Schwangerschaftsunterbrechung erfolgt unentgeltlich.

§ 6

1. Die Kommissionen können nach Erwägung aller Umstände zur Verhandlung die Ehemänner, gegebenenfalls die Männer, welche die Schwängerung verursacht haben, und bei Mädchen, die jünger als 18 Jahren sind, auch deren Eltern laden.

2. In einzelnen Fällen können die Kommissionen den Schwangeren (vor allem den ledigen Müttern) empfehlen, nach der Geburt des Kindes dieses in Säuglingsanstalten und Kinderheimen aufzuziehen, mit dem Hinweis, daß nach Beseitigung der Ursachen, die die Schwangere als Grund für die Unterbrechung der Schwangerschaft anführt, ihr das Kind zurückgegeben oder mit ihrer Zustimmung zur Adoption übergeben wird.

§ 7

Alle beteiligten Mitarbeiter sind verpflichtet, über die Tatsachen, die sie bei der Bearbeitung des Gesuchs um künstliche Schwangerschaftsunterbrechung erfahren haben, Stillschweigen zu bewahren; auch die gesamte Beurkundung hierüber muß so erfolgen, daß diese Tatsachen nicht verraten werden.

§ 8

1. Diese Kundmachung tritt am 1. Oktober 1961 in Kraft.

2. Die Kundmachung Nr. 249/1957 U. l. zur Durchführung des Gesetzes über die künstliche Schwangerschaftsunterbrechung, und die Kundmachung Nr. 129/1960 Sb., womit die Kundmachung zur Durchführung des Gesetzes über die künstliche Schwangerschaftsunterbrechung abgeändert wurde, werden aufgehoben.

GESETZ VOM 17. OKTOBER 1958, NR. 74 SB., ÜBER DIE DAUERANSIEDLUNG UMHERZIEHENDER PERSONEN

Die Nationalversammlung der CSR hat folgendes Gesetz beschlossen:

§ 1

Die Nationalausschüsse gewähren den Personen, die ein Leben auf umherziehende Art führen, allseitige Hilfe, damit diese Personen zu einem Leben auf seßhafte Art übergehen können; insbesondere sind sie verpflichtet, diesen Personen bei der Vermittlung einer geeigneten Beschäftigung und Unterbringung zu helfen und durch erzieherische Mittel systematisch darauf hinzuwirken, daß jene ordentliche werktätige Bürger werden.

§ 2

Ein Leben auf umherziehende Art führt derjenige, der in Gruppen oder einzeln von Ort zu Ort zieht und ehrlicher Arbeit ausweicht oder sich auf unlautere Weise ernährt, und zwar auch dann, wenn er in irgendeiner Gemeinde zum dauernden Aufenthalt gemeldet ist.

§ 3

Wer bei seinem Leben auf umherziehende Art bleibt, obwohl ihm Hilfe zu einem dauernden Seßhaftwerden gewährt wurde, wird wegen einer strafbaren Handlung mit Freiheitsentziehung von 6 Monaten bis zu 3 Jahren bestraft.

§ 6

Der Minister des Innern gibt im Einvernehmen mit den beteiligten Zentralbehörden Vorschriften zur Durchführung dieses Gesetzes heraus, in denen er namentlich bestimmen kann, auf welche Weise zusätzlich Eintragungen in die Matriken durchführt, die Evidenz gewährleistet und die Indentität der Personen, die ein Leben auf umherziehende Art geführt haben, sichergestellt wird.

§ 5

Dieses Gesetz tritt mit dem Tage seiner Verkündung in Kraft, mit Ausnahme der Bestimmung des § 3, die am 1. März 1959 in Kraft tritt; es wird von den Ministern des Innern und der Justiz im Einvernehmen mit den beteiligten Mitgliedern der Regierung durchgeführt.

GESETZ VOM 26. JUNI 1961, NR. 60 SB., ÜBER DIE AUFGABEN DER NATIONALAUSSCHÜSSE BEI DER SICHERUNG DER SOZIALISTISCHEN ORDNUNG

Die Nationalversammlung der CSSR hat folgendes Gesetz beschlossen:

Grundbestimmungen

§ 1

Die Nationalausschüsse gewährleisten unter breiter Beteiligung der Bürger den Schutz der sozialistischen Ordnung. Sie achten darauf, daß der Aufbau der heranwachsenden sozialistischen Gesellschaft nicht durch Äußerungen von Disziplinlosigkeit, die die Erfüllung der Aufgaben der Staatsverwaltung erschweren und die öffentliche Ordnung und das sozialistische Zusammenleben der Bürger stören, verletzt werde. Sie erziehen die Bürger dazu, gewissenhaft und konsequent die Gesetze und übrigen Vorschriften einzuhalten, freiwillig und verantwortungsbewußt die Aufgaben gegen Staat und Gesellschaft zu erfüllen und die Rechte der Mitbürger zu achten.

§ 2

Die Nationalausschüsse gewährleisten die sozialistische Ordnung vor allem durch ihre organisatorische, erzieherische und vorbeugende Tätigkeit; ihre Organe, die Bürgerausschüsse und die übrigen Aktiven leiten dazu an, daß in ihrer Tätigkeit die Mittel der gesellschaftlichen Entwicklung und Erziehung immer wirksamer geltend gemacht und die Ursachen der Verletzung der sozialistischen Ordnung rechtzeitig beseitigt werden; die Bürger erziehen dazu, daß die sozialistische Ordnung nicht nur freiwillig eingehalten wird, sondern daß ihre Einhaltung auch aktiv durchgesetzt wird.

§ 3

Die Nationalausschüsse arbeiten bei der Gewährleistung der sozialistischen Ordnung eng mit den freiwilligen gesellschaftlichen Organisationen zusammen, insbesondere mit der Revolutionären Gewerkschaftsbewegung und mit dem Csl. Jugendverband, ferner mit der Leitung der Unternehmen und Betriebe, mit den Organen der landwirtschaftlichen Einheitsgenossenschaften und anderer Volksgenossenschaften, und soweit es sich um die Jugend handelt, auch mit den Eltern und der Schule. Sie verhandeln mit ihnen wichtigere Fälle von Störungen der sozialistischen Ordnung und beraten sich mit ihnen über die am besten geeignete Form einer Abhilfe. Sie helfen den gesellschaftlichen und anderen Organisationen und Organen, in ihrer Tätigkeit immer wieder die erzieherische Wirkung geltend zu machen.

§ 4

1. Die Mehrheit der Bürger hält freiwillig und diszipliniert die sozialistische Ordnung ein. Diejenigen, die sie durch ein im ersten Teil dieses Gesetzes angeführtes Handeln verletzen, begehen eine Übertretung.

2. Der Nationalausschuß achtet darauf, daß jede Übertretung verhandelt wird und daß schon allein die Verhandlung den Erziehungszweck erfüllt. Der Nationalausschuß selbst verhandelt die Übertretung und verhängt gegebenenfalls eine Maßnahme nach diesem Gesetze dann, wenn zur Besserung des Bürgers die Einwirkung des Aktivs eines Nationalausschusses[31]) oder einer gesellschaftlichen Organisa-

[31]) Aktiv eines Nationalausschusses ist z. B. ein Bürgerausschuß oder eine Hauskommission.

tion[32]), der Leitung eines Unternehmens oder Betriebs, des Organs einer landwirtschaftlichen Einheitsgenossenschaft oder einer anderen Volksgenossenschaft, einer Schule od. ä. nicht genügt.

§ 5

Wo keine örtlichen Volksgerichte eingerichtet sind, verhandeln die Nationalausschüsse auch über Verfehlungen, die zur Zuständigkeit dieser Gerichte gehören, und zwar in dem im Zweiten Teil dieses Gesetzes angeführten Umfang.

Erster Teil

Übertretungen

§ 6

1. Übertretung ist ein in den §§ 7 bis 19 dieses Gesetzes angeführtes schuldhaftes Handeln und ferner die schuldhafte Verletzung der in einer anderen Rechtsvorschrift bestimmten Pflicht, sofern dadurch die Erfüllung der Aufgaben der Staatsverwaltung erschwert, die öffentliche Ordnung oder das sozialistische Zusammenleben der Bürger gestört wird, wenn es sich nicht um eine Verfehlung oder eine Straftat handelt.

2. Ein solches Handeln oder eine Pflichtverletzung wird als Übertretung nicht verhandelt, wenn die Besserung auch nach anderen Rechtsvorschriften erreicht werden kann.

§ 7

Eine Übertretung auf dem Gebiete der Land- und Forstwirtschaft begeht, wer

a) die Erfüllung des Plans für die land- und forstwirtschaftliche Erzeugung und den Ankauf landwirtschaftlicher Erzeugnisse erschwert,
b) den Schutz eines landwirtschaftlichen Bodenfonds oder eines Forstfonds mißachtet, insbesondere Bestandteile dieser Fonds der land- bzw. forstwirtschaftlichen Erzeugung unberechtigt entzieht,
c) die ordentliche Bearbeitung landwirtschaftlichen Bodens nicht pflichtgemäß sicherstellt,
d) den Schutz vor Pflanzen- oder Tierschädlingen oder Tierseuchen vernachlässigt,
e) seine Pflichten, die zum Schutze von Jagd und Fischerei festgesetzt wurden, nicht erfüllt.

---

[32]) z. B. die Revolutionäre Gewerkschaftsbewegung oder der Csl. Jugendverband.

§ 8

Eine Übertretung gegen den Schutz der Wasserwirtschaft begeht, wer

a) den Schutz der Gewässer und Wasserwerke nicht pflichtgemäß beachtet,
b) Wasser ohne die vorgeschriebene wasserwirtschaftliche Genehmigung nutzt oder die Bedingungen einer solchen Genehmigung nicht einhält.

§ 9

Eine Übertretung auf dem Gebiete des Bauwesens begeht, wer

a) Bauarbeiten oder einen Bau ausführt oder sie ohne die vorgeschriebene Genehmigung oder in Widerspruch mit einer solchen Genehmigung nutzt,
b) trotz Aufforderung die Instandhaltung eines Bauwerks vernachlässigt oder Instandsetzungsarbeiten ohne die vorgeschriebene Meldung durchführt,
c) eine Aufforderung oder Entscheidung, die bei Ausführung einer staatlichen Bauaufsicht ergangen sind, mißachtet, oder die Bedingungen für ihre ordentliche Ausführung nicht sicherstellt.

§ 10

Eine Übertretung auf dem Gebiete des Straßen-, Eisenbahn-, Flug-, Wasserverkehrs und der Verkehrsverbindungen begeht, wer

a) die Regeln des Straßen-, Eisenbahn-, Flug-, Schiffahrts- oder Postverkehrs verletzt,
b) Verkehrsmittel, deren technischer Stand oder Betriebswirtschaftlichkeit nicht den vorgeschriebenen Bedingungen entspricht, benutzt,
c) ein Verkehrszeichen oder eine Verkehrseinrichtung oder ein Touristenzeichen beschädigt, versteckt oder beseitigt,
d) eine öffentliche Verbindung, einen ihrer Bestandteile oder Zubehör beschädigt, verunreinigt oder über das übliche Maß hinaus gebraucht,
e) eine Pflicht, die sich aus den Vorschriften über die Regelung des Verkehrs und die Sicherstellung der Beförderung ergibt, nicht erfüllt,
f) Regeln über die Einrichtung und den Betrieb von Fernverbindungs-Einrichtungen verletzt.

§ 11

Eine Übertretung auf dem Gebiete des Schulwesens, der Kultur und des Naturschutzes begeht, wer

a) nicht für einen ordentlichen Schulbesuch der Kinder, für die er zu sorgen verpflichtet ist, sorgt,

b) ein Kulturdenkmal, einen Gegenstand von Museumswert oder ein Kunstwerk vernichtet, beschädigt, unbefugt ins Ausland ausführt oder auszuführen versucht oder eine Pflicht, die zum Schutz eines Kulturdenkmals oder zum Schutze von Gegenständen von Museumswert bestimmt wurde, nicht erfüllt,

c) unerlaubt eine Theater-, Film- oder andere öffentliche Vorstellung oder eine Unterhaltung veranstaltet,

d) einen geschützten Teil der Natur beschädigt oder Pflichten, die zu ihrem Schutz bestimmt wurden, nicht erfüllt.

§ 12

1. Eine Übertretung gegen die Präventiv- und Heilfürsorge begeht, wer

a) trotz Aufforderung sich nicht einer Pflichtuntersuchung oder der Heilung einer Krankheit unterzieht,

b) nicht die erforderliche persönliche oder sachliche Hilfe zur Erfüllung dringender Aufgaben der Präventiv- und Heilfürsorge leistet, obwohl er dazu verpflichtet ist,

c) den Gesundheitsdienst auf eigenmächtige Art oder so mißbraucht, daß er dadurch die Obsorge für andere Bürger gefährden kann.

2. Eine Übertretung auf dem Gebiete der Fürsorge für Hygiene und Seuchenbekämpfung begeht, wer

a) Maßnahmen, die zur Sicherung eines gesunden und sicheren Lebens- und Arbeitsmilieus bestimmt oder auferlegt wurden, nicht durchführt,

b) Quellen von Trink- und Brauchwasser verunreinigt, bzw. auf andere Weise gefährdet, oder die Vorschriften zum Schutze der Reinheit der Luft nicht einhält oder die Umgebung mit übermäßigem Lärm belästigt,

c) den Wert oder die gesundheitliche Mangelfreiheit von Genußmitteln oder anderen Bedarfsgegenständen gefährdet oder verletzt,

d) Gifte, gesundheitsschädliche Stoffe oder radioaktive Stoffe unerlaubt erzeugt, einführt, in Umlauf setzt oder verwahrt,

e) angeordnete Maßnahmen zur Seuchenbekämpfung verletzt.

§ 13

Eine Übertretung auf dem Gebiet der Bekämpfung des Alkoholismus begeht, wer

a) angetrunkenen oder betrunkenen Personen alkoholische Getränke verkauft, abgibt oder ihnen den Genuß solcher Getränke ermöglicht,

b) ein erlassenes Verbot, alkoholische Getränke auszuschenken, abzugeben oder zu genießen, mißachtet,
c) den Maßnahmen, die ihn wegen übermäßigen Genusses von alkoholischen Getränken treffen, sich nicht unterzieht,
d) durch den Genuß alkoholischer Getränke sich in einen Ärgernis erregenden Zustand versetzt,
e) unberechtigt Spiritus oder Äther erzeugt oder in Umlauf setzt.

§ 14

Eine Übertretung auf dem Gebiete der Finanzwirtschaft begeht, wer
a) auf diesem Gebiete die Disziplin, insbesondere die Budget- und Kreditdisziplin, verletzt,
b) eine Verpflichtung, die sich für ihn aus den Devisenvorschriften ergibt, nicht erfüllt,
c) die Pflicht verletzt, im Steuer- oder Gebührenverfahren oder in dem Verfahren über eine andere ähnliche Abgabe ordnungsgemäß mitzuwirken.

§ 15

Eine Übertretung auf dem Gebiete des Außenhandels oder des Zollwesens begeht, wer
a) ein Verbot oder eine Beschränkung der Einfuhr, Ausfuhr oder Durchfuhr von Waren im Verkehr mit dem Ausland verletzt,
b) Waren nicht zur Zolluntersuchung anmeldet,
c) mit Waren, die einer Beschränkung nach den Zollvorschriften unterliegen, auf unerlaubte Weise verfährt.

§ 16

Eine Übertretung gegen die Interessen der Verteidigung des Vaterlandes begeht, wer eine Verpflichtung, die in den Wehrvorschriften oder in den Vorschriften über die Verteidigung der CSSR bestimmt ist, nicht erfüllt.

§ 17

1. Eine Übertretung gegen die öffentliche Ordnung begeht, wer
a) den vorgeschriebenen Personalausweis nicht besitzt oder sich damit nicht ausweisen kann oder sonstwie nicht seine Identität glaubwürdig beweisen kann, obwohl er dazu verpflichtet ist,
b) unbefugt in Örtlichkeiten eindringt, in die der Eintritt im öffentlichen Interesse verboten ist,
c) auf dem Gebiete der Republik sich unerlaubt aufhält oder die für einen Aufenthalt bestimmten Bedingungen nicht einhält,

d) Bedingungen, die auf dem Gebiete von Waffen, Munition und Explosivstoffen bestimmt wurden, nicht einhält,

e) der von einem öffentlichen Organ in Ausübung seiner Aufgaben ergangenen Aufforderung nicht Folge leistet,

f) die Pflichten des Veranstalters einer öffentlichen Unterhaltung oder eines Sportunternehmens vernachlässigt,

g) die Staatsflagge, ein staatliches Zeichen oder ein anderes staatliches Symbol unerlaubt verwendet oder auf unzulässige Weise gebraucht.

2. Eine Übertretung begeht ferner, wer

a) vorgeschriebene Verzeichnisse oder Evidenzen nicht ordentlich führt oder eine vorgeschriebene Meldung oder Anzeige nicht erstattet,

b) unwahre oder unvollständige Angaben bei der Erfüllung einer Anzeigepflicht macht,

c) einen amtlichen Verschluß, eine amtliche Bezeichnung, ein geometrisches Zeichen oder eine andere Meßeinrichtung oder öffentliche Kundmachung vernichtet, beschädigt oder unerlaubt beseitigt,

d) ein Meßinstrument, das nicht den erlassenen Vorschriften entspricht, in Umlauf setzt oder im Wirtschaftsverkehr verwendet oder eine unerlaubte Meßart im Wirtschaftsverkehr anwendet oder die vorgeschriebenen Zeichen nicht verwendet.

§ 18

Eine Übertretung gegen den Schutz vor Bränden und anderen Elementarkatastrophen begeht, wer

a) die Vorsicht, die zur Verhinderung des Entstehens eines Brandes erforderlich ist, außer acht läßt,

b) Warnungen oder Hinweisen, die zur Abwendung festgestellter Mängel, die zu einem Brand führen können, oder die zur Überwindung einer Elementarkatastrophe erlassen wurden, zuwiderhandelt,

c) pflichtwidrig die erforderliche persönliche oder sachliche Hilfe bei der Verhütung oder Bekämpfung eines Brandes oder einer anderen Elementarkatastrophe nicht leistet.

§ 19

Eine Übertretung gegen das sozialistische Zusammenleben begeht, wer durch kleine Exzesse, Störung der Nachtruhe, Überschreitung der Schließungsstunde[33]) oder geringfügige Beschädigung von Ver-

[33]) entspricht der „Überschreitung der Polizeistunde" im deutschen Recht.

mögen in sozialistischem oder persönlichem Eigentum oder durch anderes ungehöriges Tun das sozialistische Zusammenleben in geringerem Umfange stört.

Verhandlung der Übertretungen durch die Nationalausschüsse

§ 20

1. Die örtlichen Nationalausschüsse verhandeln über die Übertretungen, durch die Pflichten in den von ihnen verwalteten Sachen verletzt wurden.

2. Die Bezirksnationalausschüsse verhandeln die übrigen Übertretungen, soweit nicht andere Organe gemäß § 31 zuständig sind. Ein Bezirksnationalausschuß kann mit der Verhandlung einer Übertretung einen örtlichen Nationalausschuß betrauen, wenn dadurch eine größere erzieherische Wirkung erreicht wird.

3. Zur Verhandlung einer Übertretung ist der Nationalausschuß, in dessen Bereich es zu der Übertretung gekommen ist, örtlich zuständig. Zur Erleichterung der Verhandlung oder aus anderen wichtigen Gründen kann der zuständige Nationalausschuß die Sache dem Nationalausschuß, in dessen Sprengel der Bürger seinen Wohnsitz oder seine Arbeitsstätte hat, abtreten.

4. Über eine Übertretung verhandelt das Organ (Kommission, gegebenenfalls Abteilung) des Nationalausschusses, in dessen Zuständigkeitsbereich es zur Übertretung gekommen ist. Die Bezirks-, Stadt- und Gebietsnationalausschüsse können in begründeten Fällen bei ihren Kommissionen engere Kommissionen zur Verhandlung der Übertretungen errichten.

§ 21

1. Ein Nationalausschuß verfährt bei der Verhandlung einer Übertretung so, daß so zuverlässig und vollständig als möglich der tatsächliche Stand der Sache ermittelt wird. Andere staatliche Organe sind verpflichtet, ihm dabei allseitige Hilfe und Unterstützung zu gewähren.

2. Einem Bürger, der eine Übertretung begangen hat, muß Gelegenheit gegeben werden, sich zu dem festgestellten Tatbestand und zur Art dieser Feststellung zu äußern und gegebenenfalls deren Ergänzung zu beantragen. In Abwesenheit des Bürgers kann die Sache nur dann verhandelt werden, wenn er es ablehnt, zur Verhandlung zu erscheinen oder wenn er ohne ausreichende Entschuldigung nicht erscheint.

3. Wer eine Sache, die für die Feststellung des Tatbestands wichtig ist, oder eine Sache, die für verfallen erklärt oder beschlagnahmt werden kann, bei sich hat, ist verpflichtet, sie auf Aufforderung herauszugeben. Wenn er dieser Aufforderung nicht nachkommt, kann sie ihm abgenommen werden.

§ 22

Wer eine Übertretung vor Erreichung seines 15. Lebensjahres begangen hat, ist dafür nicht verantwortlich.

§ 23

1. Übertretungen, die von Personen, die diplomatische Immunität und Vorrechte genießen oder persönlich exempt sind, begangen wurden, werden nicht nach den Bestimmungen dieses Gesetzes verhandelt.

2. Übertretungen, die von Personen, die der militärischen Disziplinargerichtsbarkeit unterstehen, begangen wurden, werden durch die zuständigen Kommandeure nach den Disziplinarvorschriften erledigt.

§ 24

Eine Übertretung kann nicht verhandelt werden, wenn seit ihrer Begehung ein Jahr verstrichen ist.

§ 25

Für die Verletzung der den Organisationen auferlegten Pflichten sind die Personen, die für die Organisationen handelten oder handeln sollten, gegebenenfalls die Personen, die zu dem Handeln Anweisung gaben, nach diesem Gesetz verantwortlich.

§ 26

1. Wenn nicht schon die bloße Verhandlung der Übertretung vor dem Nationalausschuß, einem anderen staatlichen Organ oder einer gesellschaftlichen Organisation zur Besserung des Bürgers führt, verhängt der Nationalausschuß für die Übertretung eine von folgenden Maßnahmen:

a) Ermahnung,

b) öffentliche Rüge,

c) Geldbuße bis zu 500 Kčs.

2. Daneben kann der Nationalausschuß den Verfall einer Sache aussprechen, die demjenigen gehört, der die Übertretung begangen hat, und die zur Begehung der Übertretung benutzt wurde oder die durch die Übertretung erlangt wurde, sofern die Sicherheit von Menschen oder von Vermögen oder ein anderes öffentliches Interesse es erfordert.

3. Eine Sache, die demjenigen, der die Übertretung begangen hat, nicht gehört, kann beschlagnahmt werden, wenn sie zur Begehung der Übertretung benutzt wurde oder wenn die Sicherheit von Personen oder von Vermögen oder die Sittlichkeit es erfordert. Eine solche Sache kann auch beschlagnahmt werden, wenn sie dem-

jenigen gehört, der die Übertretung begangen hat, sofern dieser nicht zur Verantwortung gezogen werden kann.

4. Der Verfall oder die Beschlagnahme einer Sache kann nicht ausgesprochen werden, wenn der Wert der Sache in auffälligem Mißverhältnis zu dem Charakter der Übertretung steht.

5. Die Geldbußen verfallen dem Staat. Eigentümer einer verfallenen oder beschlagnahmten Sache wird der Staat.

§ 27

Wenn durch eine Übertretung ein Vermögensschaden verursacht wurde, wirkt der Nationalausschuß dahin, daß der Schaden freiwillig ersetzt werde. Wenn der Bürger den Ersatz des verursachten Schadens ablehnt, legt ihm der Nationalausschuß die Pflicht hierzu auf. Wenn es aber dem Nationalausschuß nicht gelingt, die genaue Schadenshöhe festzustellen oder wenn ihm die genaue Feststellung der Schadenshöhe Schwierigkeiten bereiten würde, empfiehlt er dem Beschädigten, sich mit seinem Schadensersatzanspruch an das Bezirksgericht zu wenden.

§ 28

1. Gegen die Entscheidung des Organs eines Nationalausschusses kann binnen 15 Tagen Berufung zum höheren Organ dieses Nationalausschusses eingelegt werden. Über die Berufung gegen eine Entscheidung, die in der ersten Instanz von einer engeren Kommission erlassen wurde, entscheidet die Kommission des Nationalausschusses, bei dem die engere Kommission errichtet ist.

2. Die Berufung hat stets aufschiebende Wirkung.

§ 29

1. Die durch die Bezirksnationalausschüsse oder durch Kundmachung des Innenministers, herausgegeben im Einvernehmen mit den zuständigen Zentralbehörden, betrauten Organe können für eine Übertretung Geldbußen bis zu 100 Kčs ohne weitere Verhandlung verhängen und erheben, wenn die Übertretung zuverlässig festgestellt worden ist und ein Verweis nicht genügt (Blockverfahren).

2. Wenn es der Bürger ablehnt, die Geldbuße zu bezahlen, wird die Übertretung durch das zuständige Organ des Nationalausschusses oder durch ein nach § 31 zuständiges Organ verhandelt.

3. Gegen die Verhängung einer Geldbuße im Blockverfahren kann eine Berufung nicht eingelegt werden.

§ 30

Soweit aus den vorausgehenden Bestimmungen sich nichts anderes ergibt, gelten für die Verhandlung der Übertretungen die allgemeinen Vorschriften über das Verwaltungsverfahren[34]), insbesondere auch die Vorschriften über die Überprüfung von Entscheidungen außerhalb des Berufungsverfahrens[35]).

Verhandlung von Übertretungen durch andere staatliche Organe

§ 31

1. Übertretungen, durch die Regeln des Straßenverkehrs verletzt wurden, werden durch die Abteilungen der öffentlichen Sicherheit verhandelt.

2. Übertretungen auf dem Gebiete des Zollwesens werden durch die Zollbehörden verhandelt.

3. Die Regierung kann durch Verordnung bestimmen, welche weiteren Organe der Staatsverwaltung innerhalb ihres Zuständigkeitsbereichs Übertretungen verhandeln.

§ 32

Soweit Übertretungen durch andere staatliche Organe verhandelt werden, gelten sinngemäß die Bestimmungen über die Verhandlung durch die Nationalausschüsse mit folgenden Abweichungen:

a) Übertretungen werden von Organen der niedrigsten Stufe verhandelt; über Berufungen gegen deren Maßnahmen entscheiden die Organe der nächsthöheren Stufe;

b) zur Verhandlung der Übertretungen auf dem Gebiete des Zollwesens ist das Zollamt örtlich zuständig, das dem Wohnsitz (Aufenthaltsort) der Person, die die Übertretung begangen hat, am nächsten liegt. Über Berufungen gegen die Entscheidungen der Zollämter entscheiden die Organe der Zollverwaltung, die vom Ministerium für Außenhandel hierfür bestimmt werden;

c) beim Blockverfahren vor Organen der Zollverwaltung kann auch der Verfall einer Sache, die durch die Übertretung erlangt oder zur Begehung der Übertretung benutzt wurde, ausgesprochen werden. Wenn der Bürger es ablehnt, sich einer solchen Maßnahme zu unterziehen, verhandelt das zuständige Zollamt über die Übertretung.

Zweiter Teil

Verhandlung von Verfehlungen durch die Nationalausschüsse

§ 33

1. Dort, wo keine örtlichen Volksgerichte eingerichtet sind, verhandeln die Nationalausschüsse außer über Übertretungen auch

---

[34]) insbs. die RegVO v. 24. 6. 1960, Nr. 91 Sb., über das Verwaltungsverfahren.

[35]) insbes. §§ 24, 25 RegVO Nr. 91/1960 Sb. über das Verwaltungsverfahren und die §§ 20, 29, 33, 43 d. Ges. Nr. 65/1960 Sb. über die Nationalausschüsse.

über Verfehlungen. Dabei bringen sie vor allem die Mittel erzieherischer Einwirkung zur Geltung und achten darauf, daß der Bürger sich der Rechtswidrigkeit seines Handelns bewußt werde und dessen schädliche Folgen wiedergutmache.

2. Die Nationalausschüsse wirken dahin, daß an den Arbeitsstätten, wo keine örtlichen Volksgerichte errichtet sind, die Vorschriften über die Straf- (Disziplinar-) verfolgung von Entwendungen und Beschädigungen von Vermögen in sozialistischem Eigentum zur Geltung kommen.

§ 34

Verfehlung ist ein in diesem Gesetz (§§ 35 bis 40) angeführtes schuldhaftes Handeln, durch das die sozialistische Rechtsordnung in einem solchen Maße verletzt wurde, daß das die Interessen der Gesellschaft oder die Rechte und berechtigten Interessen des Einzelnen gefährdet oder schädigt, sofern dieses Handeln nicht im Hinblick auf die Umstände des Falles, auf die Person des Bürgers, der die Verfehlung begangen hat, und im Hinblick auf die Folgen des Handelns den Grad der Gesellschaftsgefährlichkeit einer Straftat erreicht.

§ 35

1. Eine Verfehlung gegen Vermögen in sozialistischem Eigentum begeht, wer ein solches Vermögen beschädigt, insbesondere durch Diebstahl, Veruntreuung, Betrug oder dadurch, daß er es unberechtigt und eigenmächtig gebraucht oder vernichtet, sofern der Schaden nicht allzusehr den Betrag von 500 Kčs übersteigt.

Dieses Handeln kann nicht als Verfehlung verfolgt werden, wenn der Bürger, der gefehlt hat, sich wiederholt gegen das Vermögen vergangen hat oder wenn seine Tat aus anderen Gründen besonders verwerflich ist.

2. Eine Verfehlung gegen Vermögen in sozialistischem Eigentum begeht auch, wer aus Fahrlässigkeit, die von einer unverantwortlichen Einstellung zum sozialistischen Eigentum zeugt, an solchem Vermögen einen Schaden verursacht, der den Betrag von 5000 Kčs nicht übersteigt.

§ 36

Eine Verfehlung gegen die Interessen der sozialistischen Wirtschaft begeht, wer in kleinerem Umfang

a) unberechtigt eine private Produktions- oder andere Erwerbstätigkeit zu dem Zwecke betreibt, sich dadurch eine dauernde Einkommensquelle zu verschaffen,

b) die Verbraucher insbesondere dadurch schädigt, daß er Waren oder Dienste verteuert oder sie in Qualität, Menge oder Gewicht der Waren betrügt[36]).

§ 37

1. Eine Verfehlung gegen Vermögen in persönlichem Eigentum begeht, wer ein solches Vermögen beschädigt, insbesondere durch Diebstahl, Veruntreuung, Betrug oder dadurch, daß er es unberechtigt und eigenmächtig gebraucht oder vernichtet, sofern der Schaden nicht allzusehr den Betrag von 500 Kčs übersteigt.

Dieses Handeln kann nicht als Verfehlung verfolgt werden, wenn der Bürger, der gefehlt hat, sich wiederholt gegen das Vermögen vergangen hat oder wenn seine Tat aus anderen Gründen besonders verwerflich ist.

2. Eine Verfehlung gegen das Vermögen im persönlichen Eigentum begeht auch, wer aus Fahrlässigkeit, die von einer rücksichtslosen Einstellung zum persönlichen Eigentum zeugt, an dem Vermögen seiner Mitbürger einen Schaden verursacht.

§ 38

Eine Verfehlung gegen das sozialistische Zusammenleben begeht,

a) wer durch ungehöriges Benehmen, insbesondere durch Drohungen, beleidigende Äußerungen oder Tatsachen, durch Verleumdung, Rauferei, Bosheiten oder durch anderes grobes Handeln das nachbarliche Zusammenleben der Bürger stört oder deren Würde und Ehre verletzt,
b) wer alkoholische Getränke genießt, obwohl er weiß, daß er eine Beschäftigung oder eine andere Tätigkeit ausüben wird, bei denen er die Gesundheit seiner Mitbürger oder die Sicherheit von Vermögen gefährden kann, oder wer einem anderen unter solchen Umständen alkoholische Getränke gibt,
c) wer sich auf eine Weise ernährt, die in grobem Widerspruch mit den Bürgerpflichten steht.

§ 39

Eine Verfehlung gegen die Familienbeziehungen und gegen die Interessen an einer gesunden Entwicklung der Jugend begeht,

a) wer sich nicht gehörig um die materielle Sicherung seiner elterlichen Angehörigen, für die er nach dem Gesetz zu sorgen verpflichtet ist, kümmert, oder wer seine Pflicht, für eine ordentliche

[36]) Das Wort „betrügt“ ist nicht im strafrechtlichen Sinne (§ 250 StG) zu verstehen. Im tschechischen Originaltext wird ein Ausdruck verwendet, dem in deutscher Sprache am besten das Wort „beschummelt“ entspräche.

Entwicklung und Erziehung von minderjährigen Personen, die seiner Obsorge anvertraut sind, zu sorgen, vernachlässigt,

b) wer minderjährigen Personen den Genuß alkoholischer Getränke ermöglicht und dadurch deren körperliche oder moralische Entwicklung gefährdet.

§ 40

Eine Verfehlung gegen die Arbeitsdisziplin begeht,

a) wer durch Verletzung der Vorschriften über die Sicherheit und den Schutz der Gesundheit bei der Arbeit jemanden an der Gesundheit gefährdet oder jemandem eine Gesundheitsverletzung, die eine kürzere Arbeitsunfähigkeit zur Folge hat, zufügt,

b) wer systematisch ohne wichtigen Grund Arbeitsschichten ausläßt oder Arbeitsunfähigkeit vortäuscht,

c) wer systematisch oder erheblich die technologische Disziplin verletzt oder sonstwie wichtige Verpflichtungen, die sich aus dem Arbeitsverhältnis ergeben, verletzt, sofern der durch ein solches Handeln verursachte Schaden 5000 Kčs nicht übersteigt.

§ 41

1. Bei der Verhandlung über Verfehlungen verfahren die Nationalausschüsse nach den für die Verhandlung über Übertretungen geltenden Bestimmungen dieses Gesetzes. Über Verfehlungen wird grundsätzlich in mündlicher und öffentlicher Sitzung verhandelt. Verfehlungen können nicht im Blockverfahren erledigt werden.

2. Über Verfehlungen verhandelt der örtliche Nationalausschuß; wo nach einer Entscheidung des Bezirksnationalausschusses nicht die Voraussetzungen dafür vorliegen, daß die Verfehlungen durch die örtlichen Nationalausschüsse verhandelt werden, verhandelt darüber der Bezirksnationalausschuß.

3. Über Verfehlungen verhandelt die Kommission des Nationalausschusses, in der Regel die Kommission für den Schutz der öffentlichen Ordnung, bei Bezirks-, Stadt- und Gebiets-Nationalausschüssen eine engere Kommission, sofern sie in begründeten Fällen der Nationalausschuß errichtet.

Dritter Teil

Übergangs- und Schlußbestimmungen

§ 42

Nach diesem Gesetze kommen auch Übertretungen zur Verhandlung, zu denen es vor dem Tage des Inkrafttretens dieses Gesetzes gekommen ist. Das Verfahren, das über eine solche Übertretung beim Nationalausschuß oder Gericht eröffnet wurde und nicht rechtskräftig abgeschlossen ist, wird nach den bisherigen Bestimmungen beendigt. Es können aber nur Maßnahmen nach diesem Gesetze auferlegt werden.

§ 43

1.) Aufgehoben werden

1. das Verwaltungsstrafgesetz Nr. 88/1950 Sb.,
2. das Gesetz Nr. 89/1950 Sb. (Verwaltungsstrafverfahrensordnung),
3. die Verordnung des Finanzministers Nr. 119/1950 Sb. über das Unterwerfungsverfahren,
4. die §§ 12 bis 15 der RegVO Nr. 54/1953 Sb. über den Straßenverkehr, i. d. F. der Gesetzl. Verfügung des Präsidiums der Nationalversammlung Nr. 13/1956 Sb. und § 54 der Kundmachung des Ministers des Innern Nr. 141/1960 Sb., womit Regeln für den Straßenverkehr herausgegeben werden,
5. das Gesetz Nr. 102/1953 Sb., womit einige Bestimmungen des Verwaltungsstrafrechts abgeändert und ergänzt werden,
6. § 6 der Gesetzl. Verfügung Nr. 57/1955 Sb., betr. die Regelung einer beschleunigten Beitreibung der Forderungen auf Ersatz des persönlichen Bedarfs von minderjährigen Kindern,
7. das Gesetz Nr. 14/1957 Sb., womit das Verwaltungsstrafgesetz Nr. 88/1950 Sb. abgeändert und ergänzt wird,
8. die RegVO Nr. 65/1957 Sb. über die strafrechtliche Zuständigkeit der örtlichen Nationalausschüsse,
9. die Kundmachung des Ministers des Innern Nr. 198/1954 U. l. über die Organisation der Strafkommissionen der Räte der Nationalausschüsse, und
10. die Kundmachung des Ministeriums des Innern Nr. 273/1956 U. l. über das Blockverfahren.

2.) Unberührt bleiben die Vorschriften über die Zuständigkeit der staatlichen Inspektionen.

§ 44

Dieses Gesetz tritt mit Wirkung ab 1. Juli 1961 in Kraft.

SACHVERZEICHNIS

(Die Zahlen bezeichnen die Paragraphen des Strafgesetzes)

89/6 bedeutet: § 89 Absatz 6 StG
A 125 bedeutet: Anhang, Seite 125
E 7 bedeutet: Einleitung, Seite 7

Veröffentlichung der Freien Universität Berlin

Gesellschaftliche Wirklichkeit im 20. Jahrhundert und Strafrechtsreform

(UNIVERSITÄTSTAGE 1964)

Oktav. 239 Seiten. 1964. DM 4,—

Aus dem Inhalt:

Menschenbild und Strafrechtsreform — Das philosophische Problem der Strafe. Von Prof. Dr. iur. WERNER MAIHOFER

Massenkommunikationsmittel und Verbrechen. Von Prof. Dr. rer. pol. FRITZ EBERHARD

Soziologische Überlegungen zur Strafrechtsreform angesichts der Prozesse gegen nationalsozialistische Gewaltverbrecher. Von Prof. Dr. rer. pol. DIETRICH GOLDSCHMIDT

Einzelfragen der Strafrechtsreform: Idee und Wirklichkeit. Von Prof. Dr. iur. HERMANN BLEI

Verantwortungsreife und strafrechtliche Verantwortlichkeit in psychologischer Sicht. Von Prof. Dr. phil. HANS THOMAE

Strafvollzug als Resozialisierung. Von Prof. Dr. iur. KARL PETERS

Kollektives Verhalten und Verbrechensbewegung. Von Prof. Dr. med. GERHARD ROMMENEY

Zum Problem der medizinischen Begutachtung im Strafprozeß. Von Prof. Dr. med. WALTER KRAULAND

Zum Problem der Zulässigkeit von Schwangerschaftsunterbrechungen. Von Prof. Dr. iur. PAUL BOCKELMANN

Walter de Gruyter & Co · Berlin 30

FSC
www.fsc.org
MIX
Papier | Fördert gute Waldnutzung
FSC® C083411

Kolibri 360 GmbH
Ferdinand-Jühlke-Straße 7
99095 Erfurt, Deutschland
produktsicherheit@kolibri360.de